AF461333

TABLES ALPHABETIQUE & CHRONOLOGIQUE Des PIECES

Representées sur l'ANCIEN THEATRE ITALIEN.

Depuis son Etablissement jusqu'en 1697. qu'il a eté fermé.

M.D.CC.L.

TABLE ALPHABETIQUE des PIECES

A

1681	Arlequin Vendangeur.
1682	Arleq. Mercure Galant.
	Arleq. Lingere du Palais.
1683	Arleq. Prothée.
1684	Arleq. Empereur dans la Lune.
	Arlequin Jason ou La Toison d'Or comique.
1685	Arleq. Chevalier du Soleil.
1690	Arleq. Hom̃e à bon̄es fortunes.
	Critique de cette Piece.
1691	Arlequin Esope.
1692	Arleq. Phaëton.
1693	Les Adieux des Officiers, ou Venus justifiée.
	Les Avantures des Champs Elisées.
1694	Arlequin Defenseur du Beau Sexe.
1695	Attendés moi sous l'Orme.
1696	Arleq. Misantrope.

B

1687	Le Banqueroutier.
1693	La Baguette de Vulcain.
1694	Le Bel Esprit.
1696	Les Bains de la Porte St Bernard.

C

1685	Colombine Avocat Pour et Contre.
1687	La Cause des Femmes.
1688	Critique de cette Piece.
1689	Colombine fem̃e vangée.
1691	La Coquette ou l'Academie des Dames.
1692	Les Chinois.

D

1688	Le Divorce.
1689	La Descente de Mezetin aux Enfers.
1691	Les Deux Arlequins.
1694	Le Depart des Comediens.

F

1688	Les Folies d'Octave.
1690	Les Filles Errantes.
	La Fille Sçavante.
1692	La Fille de Bon Sens.
1694	La Fontaine de Sapience.
	La Fausse Coquette.
1695	La Foire St Germain.
1697	Les Fées ou les Contes de ma Mere l'Oye.
	La Fausse Prude.

I

1685 Isabelle Medecin.

M

1678 La Magie naturelle, ou la Magie sans magie.

1679 Le Medecin du Tems.

1682 La Matrone d'Ephese ou Arlequin Grapignan.

1688 Le Marchand dupé.

1689 Mézetin Grand Sophi de Perse.

1693 Les Mal Aßortis.

1696 Les Momies d'Egypte.

N

1694 La Naißance d'Amadis.

O

1692 l'Opera de Campagne.

1693 Les Originaux ou l'Italien

P

1677 La Propreté ridicule.

1691 le Phenix ou la Femme fidelle

1692 La Précaution Inutile.

1695 les Promenades de Paris.

1697 Pasquin & Marforio Medecins des Mœurs.

R

1680 Le Remede Anglois ou Arlequin Prince de Quinquina

1695 Le Retour de la Foire de Besons.

S

1667 Scaramouche Hermite.

1677 Scaram. et Arlequin Juifs errans de Babilone.

1693 Les Souhaits.

T

1695 { le Tombeau de Mᵉ André
La These des Dames, ou Le Triomphe de Colombine. }

U

1691 Ulisse & Circé.

1692 l'Union des deux Opera.

TABLE CHRONOLOGIQUE

	Mois.	Jours	Titre des Pieces.	Genre des Pieces.	Nomb. des Actes.	En Prose ou Vers.	Noms des Auteurs.
			Année 1667.				
1	Mai.		*Scaramouche Hermite.*	C			
			1677.				
2	Janv.		*Scaramouche & Arlequin Juifs errans de Babilone.*	C	3.	P	S
3	Juill.		*La Propreté ridicule.*	C	3.	P	
			1678.				
4	Dec.		*La Magie naturelle ou la Magie sans Magie.*	C	3.	P	
			1679.				
5	Juin.		*Le Medecin du Tems.*	C	3.	P	
			1680.				
6	Dec.	3.	*Le Remede Anglois, ou Arlequin Prince de Quinquina.*	C	3.	P	
			1681.				
7	Dec.		*Arlequin Vendangeur.*	C	3.	P	
			1682.				
8	Janv.	22.	*Arleq. Mercure Galant.*	C	3.	P	Fatouville.
9	Mai.	12.	*La Matrone d'Ephese, ou Arlequin Grapignan.*	C	3.	P	
10	Oct.	4.	*Arlequin Lingere du Palais*	C	3.	P&V	
			1683.				
11	Oct.	11.	*Arlequin Prothée.*	C	3.	P&V	
			1684.				
12	Mars.	5.	*Arleq. Empereur dans la Lune.*	C	3.	P	
13	Sept.	9.	*Arleq. Jason ou la Toison d'Or Comique.*	C	3.	P&V	

TABLE CHRONOLOGIQUE des PIECES

	Mois.	Jours.	Titre des Pieces	Genre des Pieces.	Nomb des Actes.	En Prose ou Vers.	Noms des Auteurs.
			Année 1685.				
14	Fev.	26.	*Arlequin Chevalier du Soleil.*	C	3.	P	Fatouville.
15	Juin.	8.	*Colombine Avocat Pour et Contre.*	C	3.	P	
16	Sept.	10.	*Isabelle Medecin.*	C	3.	P	
			1687.				
17	Avril.	19.	*Le Banqueroutier.*	C	3.	P	
18	Dec.	26.	*La Cause des Femmes.*	C	3.	P	De Losme de Montchenai
			1688.				
19	Fev.	14.	*La Critique de cette Piece.*	C.	1.	P.	
20	Mars.	17.	*Le Divorce.*	C.	3.	P.	Renard.
21	Sept.	1.	*Le Marchand dupé.*	C.	3.	P	D.
22	Nov.		*Les Folies d'Octave.*	C.			.....
			1689.				
23	Janv.	15.	*Colombine Femme vangée*	C.	3.	P.	Fatouville.
24	Mars.	5.	*La Descente de Mezetin aux Enfers.*	C.	3.	P.	Renard
25	Juill.	10.	*Mezetin Grand Sophi de Perse.*	C.	3.	P&V	de Montchenai
			1690.				
26	Janv.	10.	*Arlequin Homme a bonnes fortunes.*	C	3.	P	Renard.
27	Mars.	1.	*Critique de cette Piece.*	C.	1.	P	
28	Aoust.	24.	*Les Filles Errantes.*	C.	3.	P	
29	Nov.	18.	*La Fille Sçavante.*	C	3.	P	D.

	Mois	Jours	Titre des Pieces.	Genre des Pieces	Nomb. des Actes	En Prose ou Vers	Noms des Auteurs
			Année 1691				
30	Janv.	17	La Coquette ou l'Academie des Dames.	C	3	P&V	Renard
31	Fev.	24	Arlequin Esope.	C	5	V	Le Noble
32	Sept	26	Les Deux Arlequins.	C	3	V	
33	Oct.	20	Ulisse & Circé.	C	3	P	L.A.D.S.M.
34	Nov.	22	Le Phenix ou la Femme fidelle.	C	3	P&V	de Montchenai
			1692				
35	Fev.	4	Arlequin Phaëton.	C	3	P&V	Palaprat
36	Mars	5	La Précaution Inutile.	C	3	P	D**
37	Juin	7	l'Opera de Campagne.	C	3	P	Riviere du Freni
38	Aoust	16.	l'Union des deux Opera.	C	1	P	
39	Nov.	2	La Fille de Bon Sens.	C	3	P	Palaprat
40	Dec.	13	Les Chinois.	C	4	P	Renard Du Freni
			1693				
41	Janv	10.	La Baguette de Vulcain.	C	1	P&V	Renard Du Freni
42	Avril	25	Les Adieux des Officiers ou Venus Justifiée.	C	1	P&V	Du Freni
43	Mai.	30	Les Mal Assortis	C	2	P&V	
44	Aoust	13	Les Originaux ou l'Italien.	C	3	P	Houdard de la Motte
45	Nov.	28	Les Avantures des Champs Elisées.	C	3	P&V	D.L.C.D.V.
46	Dec.	30	Les Souhaits.	C	3	P&V	de Montchenai

TABLE CHRONOLOGIQUE

	Mois	Jours	Titre des Pieces.	Genre des Pieces	Nomb. des Actes	En Prose ou Vers	Noms des Auteurs
			Année 1694				
47	Fev.	10	*La Naissance d'Amadis.*	C	1	P&V	*Renard.*
48	Mars	13	*Le Bel Esprit.*	C	3	P&V	*L.A.P.*
49	Mai.	28	*Arlequin Defenseur du Beau Sexe.*	C	3	P	*B***
50	Juill.	8	*La Fontaine de Sapience.*	C	1	P	
51	Aoust	24	*Le Départ des Comediens.*	C	1	P&V	*Du Freni.*
52	Dec.	18	*La Fausse Coquette.*	C	3	P&V	*B****
			1695				
53	Janv.	29	*Le Tombeau de Mr. André*	C	1	P&V	
54		30	*Attendés moi sous l'Orme*	C	1	P&V	*Du Freni.*
55	Mai.	7	*La These des Dames ou le Triomphe de Colombine.*	C	3	P&V	*B*
56	Juin.	6	*Les Promenades de Paris.*	C	3	P&V	*Mongin.*
57	Oct.	1	*le Retour de la foire de Besons*	C	1	P	*Gherardi.*
58	Dec.	26	*La Foire St. Germain.*	C	3	P&V	*Renard.*
			1696				*Du Freni.*
59	Mars.	19	*Les Momies d'Egypte.*	C	1	P&V	
60	Juill.	12	*Les Bains de la Porte St. Bernard*	C	3	P	*de Boffrane*
61	Dec.	22	*Arlequin Misantrope.*	C	3	P&V	*B***
			1697				
62	Fev.	3	*Pasquin et Marforio Medecins des Mœurs.*	C	3	P&V	*Du Freni*
63	Mars	2	*Les Fées ou les Contes de ma Mere l'Oye.*	C	1	P&V	*B***
64	Mai.		*La Fausse Prude.*	C			

REMARQUES

SUR LES PIECES DE L'ANCIEN

THEATRE ITALIEN.

1. CARAMOUCHE HERMITE. 1667. Cette Piéce ayant été représentée à la Cour dans le tems même que la Comédie du *Tartuffe* venoit d'être défendue. LOUIS XIV. surpris de ce que *Scar. Herm.* n'avoit encore scandalisé personne, le Grand *Condé* fit remarquer à S. M. que cette Comédie jouant le Ciel & la Religion, les Hipocrites s'en embarassoient peu; mais que le *Tartuffe* de *Moliere* les jouant eux-mêmes, ils n'avoient pû le souffrir.

L'Auteur d'une petite *Brochure*, intitulée *Vie de Moliere avec des Jugemens sur ses Ouvrages* 1739, à l'*Art. de l'Imposteur*,

1667. *pag.* 95, nous donne une idée de *Scar. Herm.* par l'Observation suivante.

» Pendant qu'on suprimoit, dit-il, le *Tartuffe*, qui est l'éloge de la Vertu & la Satire de la seule hipocrisie; on permit qu'on jouât sur le *Théa. Ital. Scaramouche Hermite*, Piéce très-froide, si elle n'eût été licentieuse, dans laquelle un Hermite, vétu en Moine, monte la nuit par une Echelle à la fenêtre d'une femme mariée, & y reparoît de tems en tems, en disant, *questo è per mortificar la Carne.*

L'Auteur *de la Bibl.* des *Théatres*, fait mention de ce trait, mais l'Auteur des *Rech. sur les Th.* ni *Gherardi* dans son Recueil des Piéces & Scènes de l'Ancien Théatre Italien, ne disent rien sur *Scar. Herm.* non plus que sur les autres Comédies dont les Titres sont ici rapportés. Il est à présumer que ce qui a donné lieu à ce silence, c'est la perte des Canevas qui étoient en Italien.

Scaramouche & Arlequin, Juifs errans de Babilone.

La Propreté ridicule.

La Magie naturelle, ou *la Magie sans Magie.*

Le Médecin du Tems.

Le Reméde Anglois ou *le Prince de Quinquina.*

Arlequin Vendangeur.

2. SCARAMOUCHE ET ARLEQUIN, JUIFS ERRANS DE BABILONE. Sans la mention faite par l'Auteur du Mercure Gal. Janv. 1677. Tom. I. p. 29. on ignoreroit absolument cette Piéce : Voici le Passage. » Je dois vous dire deux mots des Italiens. » Ils ont donné cet Hiver une fort agréable » Comédie, intitulée *Scar. & Arlequin, » Juifs errans de Babilone*, qui a eu 30. Re- » présentations. On la dit de M. S.*... » Auteur de la Comédie des *Trompeurs » trompés*. Non-seulement elle a fait rire » le Peuple, mais la Cour même ne se lasse » point de la venir voir. Je crois qu'on ne » peut rien dire de plus avantageux pour » cette Piéce, qui finit par un récit qu'Arle- » quin fait d'une maniere si agréable & si di- » vertissante, que ce merveilleux Acteur at- » tire tous les jours tant de monde au Th. » Italien.... » 1677.

3. LA PROPRETÉ RIDICULE. Cette Comedie seroit ignorée, de même que la précédente, s'il n'en étoit fait mention dans le Merc. de Juillet 1677. T. V. p. 255. » Il » n'y a de nouveauté que sur le *Théatre Ita- » lien*, qui nous a donné une Piéce fort agréa- » ble, intitulée *la Propreté ridicule*, mêlée de » quelques Entrées qui lui donnent beaucoup 1677.

1677. » d'agrémens. Le Caractere de la Femme » propre jusqu'à l'excès, est tiré sur de bons » Originaux : on l'a déja jouée 12 à 15 fois, » & Arlequin est à son ordinaire un Personna- » ge très-divertissant.

1678. 4. LA MAGIE NATURELLE, *ou* LA MAGIE SANS MAGIE. Voici le Passage du Merc. du mois de Décembre 1678. p. 123. » La nouvelle Comédie qui paroît depuis » quelque tems sur le *Th.* des Italiens, est in- » titulée *la Magie Naturelle* ou *la Magie* » *sans Magie.* Je ne puis vous en dire au- » tre chose, sinon que c'est un Enchantement; » on y vient en foule; chacun s'en demande » la raison & court où il voit courir les Au- » tres. Tout le monde y rit, les uns de la » Piéce, les autres de voir tant de Rieurs & » peut-être les Comédiens rient-ils des uns » & des autres.

1679. 5. LE MÉDECIN DU TEMS. Merc. Juin 1679. p. 327. » Les Médecins n'ont ja- » mais cessé d'être à la mode. Il y en a ce- » pendant que quelques Secrets particuliers » font rechercher préferablement à tous les » autres. Celui que les Italiens ont fait pa- » roître depuis quelques jours sur leur Théa- » tre, & qu'ils nomment *Le Médecin du* » *Tems* est du nombre. Cette nouveauté

» leur attire tout Paris. Arlequin y charme » à son ordinaire ; rien n'est plus plaisant que » de le voir *Dogue* d'Angleterre, c'est un » vrai Prothée, il fait tout ce qu'il veut de » son corps, & quelque figure qu'il prenne » il est toujours également agréable. 1679.

Le Merc. de Septembre 1679. p. 269, & l'Auteur de la *Bibl.* des *Th.* font mention que cette Piéce fut représentée à Fontainebleau le 31 Aoust de cette année, jour du mariage de la Reine d'Espagne.

6. LE REMÉDE ANGLOIS OU ARLEQUIN, PRINCE DE QUINQUINA. 1680. On trouve dans le Mercure du mois de Décembre 1680, p. . . . . le Passage suivant.

» Le *Reméde Anglois* ou *le Prince de Quinquina*, a paru depuis trois semaines sur le » *Théatre* des Italiens. Comme rien n'est » plus à la mode que ce Reméde, & qu'ils » ont traité cette Comédie selon leurs ré- » gles, c'est-à-dire en y mêlant un fort grand » nombre de Scènes plaisantes, elle attire » quantité de monde, & auroit encore été » plus suivie, sans l'extrême rigueur du froid, » qui a obligé la plûpart des Dames à re- » noncer aux Plaisirs publics. «

Cette Piéce étant une espéce de Vaudeville du tems, sur l'usage familier que les Médecins introduisirent alors du *Quinquina* ;

1680. l'on ne ſera peut-être pas fâché de trouver ici par extrait l'*Art.* qui le concerne, tiré du *Dictionnaire de Commerce*, d.^{re} Edition. » Le » *Quinquina* ou *Kinkinna* eſt l'*Ecorce* d'un » Arbre, qui croît aux Indes occidentales, » que les *Eſpagnols* ont nommé *Palo de Caſſenturas*, c'eſt-à-dire, *Bois de Fiévre* à cau- » ſe des qualités ſurprenantes & ſpécifiques » qu'elle a pour arrêter toutes ſortes de Fié- » vres intermittentes. On dit que la Priſe » s'eſt vendue juſqu'à un Ecu d'or. Un prix » ſi conſidérable, ou peut-être le peu ou mau- » vais effet que cette *Drogue* produiſit, faute » d'être bien préparée, en fit négliger l'uſage » pendant quelque tems; mais le Chancelier » *Talbot* Anglois, vers l'an 1680, environ 30. » ans après que cette excellente *Poudre* fut » connue en France, la remit en vogue par le » grand nombre de Guériſons ſurprenantes » qu'il fit à la Cour & à la Ville avec ce *Fébrifuge* préparé à ſa maniere, & dont le Se- » cret eſt devenu public par la bonté & la gé- » néroſité de Louis XIV. qui recompenſa » en grand Roi cet habile Anglois, pour l'o- » bliger à communiquer ſa préparation, à la- » quelle, depuis, nos plus habiles Médecins » ont changé, augmenté ou diminué, ſuivant » leurs découvertes & leur expérience.

1681. 7. Arlequin Vendangeur. Le

Merc. de Décembre de cette année, p.... ne donne aucune idée de cette Comédie, voici le Passage. » Deux Piéces nouvel- 1682.
» les ont paru dans ce mois presqu'en même
» tems, *Cléopatre* aux *François* & *Arlequin*
» *Vendangeur* aux *Italiens*; elles ont été par-
» faitement bien représentées.

8. ARLEQUIN MERCURE GALANT. 1682.
L'Auteur de la *Bibl. des Th.* & celui *des Rech. sur les Th.* n'annoncent que le tems de la premiere Représentation de cette Comédie; qu'elle étoit en trois Actes & du S. Fatouville. *Gherardy* commence son Recueil de l'Ancien Théatre Italien par 4. *Scènes Françoises* seulement. Quand elles seroient restées dans l'oubli, ce n'eût pas été une perte fort considérable. La *Sc.* entre *Jupiter* & *Arlequin*, sous le *Titre des Nouvelles*, est très-plate. Celle du *Compliment d'Arleq. à Rosalie* ne vaut pas mieux. Le *Compliment d'Arleq. à Proserpine* est bien peu de chose; il n'y a que celle des petits *Plutons Orphelins* par la mort de leur Pere le *Diable* contre *Proserpine* leur Mere qui soit passable, encore faut-il croire qu'il n'y eut gueres dans tout cela que le jeu de l'excellent Arlequin qui fit supporter des Scènes aussi mal Dialoguées.

1682. 9. La Matrone d'Ephese, *ou* Arlequin Grapignan. Il seroit trop long de rapporter tout ce qui s'en trouve dans les Merc. des mois de Mai 1682, Octobre & Décembre 1683, Janvier & Mars 1684. Voici seulement le passage du Merc. de Mai 1682. qui m'a paru le plus intéressant sur cet Article. » Les *Italiens* donnent depuis peu » une nouveauté qui leur attire tout Paris, » elle a pour Titre *La Matrone d'Ephese.* » Ce sujet traité plaisamment à leur maniere, » pouvoit de lui-même avoir un fort grand » succès : Jugés de l'effet qu'il doit produire » par l'embellissement qu'ils lui ont donné » d'un Personnage de *Procureur* que joue » *Arlequin.* C'est une Satire qui remplit » entierement le d[er.] Acte, qui est tout en » notre Langue; il fait voir toutes les injus- » tices dont les Procureurs sont capables, » & met dans tout leur jour tous les tours » d'adresse que quelques-uns sçavent em- » ployer pour tirer l'argent des Parties, « &c.... le reste n'est pas moins curieux.

Bayle dans ses *Œuvres diverses* fait honneur à cette Comédie, en soutenant que les Piéces qui jouent les Professions, à l'exemple d'*Arleq. Procureur*, peuvent être fort utiles....

On trouve dans le Recueil de *Gherardy* plusieurs Scènes, dont la lecture conduit à

juger de leur merite. Celle de *Margot* & 1682.
de *Pascariel* est très-plate. Celle de l'Ombre entre *Arleq. Eularia*, *Colombine* & *Scaramouche*, & celles du *Compliment* & de la *Bouteille* sont passables pour le tems ; mais toutes celles qui regardent l'*Etude*, & qui ont donné lieu au double Titre de la Piéce, sont d'un Comique que Moliere même n'eût pas dédaigné ; voici l'ordre à peu près qu'elles tiennent dans ce Recueil.

La Premiere se passe entre *Coquiniere*, vieux Procureur & *Grapignan*, jeune Praticien aspirant à une Charge. La deuxiéme, entre *Arleq.* en Procureur, sous le nom de *Grapignan*, & ses *Clercs* à qui il dicte. La troisiéme, entre lui, son *Clerc* & un Voleur. C'est une chose assés plaisante, que le Voleur soit obligé de laisser à *Grapignan* la plus grande partie de son Butin pour les salaires d'une Consultation. Dans la quatriéme, *Sc. Maraudin*, Huissier, reçoit la mercuriale, pour avoir daté un Commandement d'un jour de fête & s'excuse sur ce qu'il n'avoit point d'Almanach de l'année dont il s'agit, allusion adroite à des vérités fort connues. Paroît ensuite certain *Marquis* qui vient payer son Procureur ; il demande le reste d'une Piéce de 4. Pistolles qu'il lui donne pour le payer des dix Ecus de frais qu'il a faits ; *Grapignan* dit qu'il va faire brocher 14. Rolles pour de-

1682. meurer quitte avec le Marquis. Le Chapellier ne ſe tire pas mieux d'affaire avec *Grapignan*; ce d^er. après avoir entendu dequoi il s'agit, ſe ſaiſit du Caſtor que le Chapellier portoit en Ville, & lui aſſure qu'il a ſon affaire en tête, & qu'elle n'en ſortira point. La ſept. *Sc.* entre *Grapignan* & un *Pâtiſſier*; Celui-ci, pour faire appointer le Procès qu'il a contre le Chapellier, fait préſent au Procureur d'un Pâté & de vingt Ecus; en ſorte que le Procureur reçoit de toutes mains. Enfin dans les Scènes ſuivantes tous les Perſonnages de la Piéce, après avoir découvert les friponneries de *Grapignan*, reparoiſſent pour en tirer vengeance & le livrent à la Juſtice, ce qui conduit au dénouement.

Je ne ſuis pas le ſeul qui penſe que les Scènes d'*Arleq. Grapignan*, arrangées avec plus d'art, ne fiſſent une très-agréable Comédie, digne d'avoir place dans *le Repertoire* des Piéces à reprendre de tems à autre.

1682. 10. ARLEQUIN LINGERE DU PALAIS. *Gherardy* dans ſon Recueil n'en rapporte que 4. Scènes : apparemment qu'il n'y en avoit pas d'autres en François. Dans celle de la *Lingere* & du *Limonadier*. *Arlequin* habillé, moitié en Femme & moitié en Homme, paroît dans le fond d'une Boutique de Lingere, contigue à celle d'un Limonadier.

Il s'injurie lui-même ſous ce double déguiſement, qui n'eſt pas vraiſemblable, mais dont le jeu rendu par un Acteur excellent a pû faire beaucoup de plaiſir. Paſcariel arrive, & croyant que ce ſont deux différentes perſonnes qui ſe maltraitent de paroles, accourt pour les ſéparer, mais ce ſervice eſt payé d'une baſtonnade, recompenſe ordinaire d'*Arlequin*. Paſcariel dit en ſe retirant du Combat, *Voilà des gens bien animés l'un contre l'autre ! Arlequin*, vrai Prothée, paroît enſuite habillé en Nourice, ſuivi d'un Homme conduiſant un Aſne, ſur lequel étoit un Berceau ; il fait acroire au Docteur qu'il eſt la Nourice de l'un des Enfans de Paſcariel, qui depuis trois ans n'en demande aucune nouvelle. Paſcariel ſoutient que c'eſt une impoſture, & donne un coup de pied dans le ventre de la prétendue Nourice, qui ſe dit groſſe de quatorze mois, & crie à la Juſtice. Ces deux Scènes ſont du Comique bouffon, mais peu délicat, & que l'on ne s'attend gueres à voir ſuivie de celle de *Rodrigue* & de *Chimene* entre *Arleq.* & *Paſcariel*. C'eſt une eſpéce de *Parodie*, qui conſiſtoit plus dans la Maſcarade des Acteurs, que dans une Critique de la Scène parodiée. Paſcariel devenu fou par la vertu de certaine eau qui a été miſe dans ſon verre par Arlequin, le prend pour ſon Rival, tire l'Epée & la paſſe au travers de ſa Bouteil-

1682.

1682. le. Arlequin, au déſeſpoir d'un pareil accident, ſort & revient en grand deüil. Paſcariel, qui s'étoit retiré triomphant de l'Action qu'il venoit de faire, rentre en diſant qu'il eſt *Rodrigue*, & voyant Arlequin lugubrement mis, il le prend pour *Chimene*. Tout cela eſt aſſés mal amené, mais il en réſulte des Vers très-plaiſans, tels que ceux-ci;

> Ah! quelle Cruauté, qui tout en un jour tuë
> La Pinte par le fer, le Buveur par la vûë!

Opposés à ceux du grand Corneille,

> Ah! quelle Cruauté, qui tout en un jour tuë,
> Le Pere par le fer, la Fille par la vûë!

Arlequin en ſe retirant imitoit dans ſa marche la Dlle. Champmelée, célébre Actrice du *Th. Franç.* qui avoit à la fois, port, beauté, voix & geſtes admirables. La *Sc.* du Contrat ſe paſſe dans la Chambre de *Scaramouche* obligé, après tous les tours qu'on lui joue, de conſentir au mariage d'*Eularia* ſa fille avec *Cinthio*.

1683. 11. Arlequin Prothée. *Gherardy*, dans ſon Recueil, ne rapporte que 10. Sc. de cette Comédie. Celle d'entre *Arlequin* & *Mezetin*, ſous les noms de *Prothée* & de *Glaucus*, renferme la deſcription de l'Empire de

Neptune ; cette *Sc.* a un air de Mythologie. 1683.
Le lieu de la *Sc.* qui se passe en France, donne occasion à la Critique des Mœurs de différens Etats de l'Europe. Arlequin prévient qu'il va exercer dans Paris la souplesse de ses mains, & qu'il apprendra aux gens qui l'environneront dans les Spectacles, à avoir un œil au Théatre & l'autre à leurs poches ; cette Scène est passable, quoiqu'elle s'éloigne un peu du sujet. Dans celle d'*Arleq. Marchand Jouaillier*, deux *Aubergistes* se disputent l'avantage de l'avoir chez eux. Dans le tems qu'ils considerent les Bijoux du Marchand Etranger, l'un perd sa bourse & l'autre sa montre. *Arleq.* fertile en surprenantes métamorphoses, quitte le Rôle de Voleur pour prendre celui de Commissaire, & dans l'instant qu'il annonce qu'il va rendre justice aux Plaignans, le fauteuil sur lequel il est assis se change en un Monstre affreux qui les oblige de fuir. Cette *Sc.* est d'une plaisanterie Théatrale & de jeu. *Arlequin* vient ensuite sous le nom de *Comette* pour faire recrue de Comédiens. *Cinthio* le prie de lui donner un Rôle pour lui faciliter un entretien avec sa Maîtresse *Isabelle*, fille du Docteur : Voilà toute l'intrigue. Arleq. y consent, & l'assure qu'il ne lui manque que des Acteurs, ayant des Piéces tant qu'il veut : *Vous avez donc*, lui dit Cinthio, *toutes celles* de *Corneille*, de

1683. *Racine*, de *Moliere*, de..... *Bon*! répond Arleq. *voilà quelque chose de beau, je suis devenu moi-même Auteur; c'est moi qui ai fait toutes les Comédies de Plaute & de Terence, & qui ai aussi inventé le secret de faire voler douze personnes à la fois sans cordes, fil d'archal, ni contrepoids!...* La Sc. de l'*Incendie* entre *Arlequin* & *Colombine* est peu de chose pour le Dialogue, mais il y a beaucoup de jeu de Théatre. La Parodie de *Berenice* en 5. *Sc.* qui se trouve encadrée dans cette Piéce, on ne sçait trop pourquoi, avoit le mérite de la nouveauté, puisque ce genre *Comi-Critique* n'avoit pas encore paru. C'est dans la derniere *Scène*, qu'Arlequin pestant contre le Fripier qui lui a loué l'habit avec lequel il représentoit *Titus*, finit par ces 4. vers,

Ah! qu'on est malheureux d'avoir des Créanciers;
Si l'Empire Romain avoit eu des Fripiers
Contre lui déchaînés & plus Juifs que le Diable,
Il n'auroit pas été si ferme & si durable.

On pourroit soupçonner une Critique de la foiblesse de *Titus* dans ces paroles:

Pour Titus Empereur, je pleure, je soupire,
Mais Titus Arlequin me fait crever de rire.

Et dans cet autre vers d'Arlequin dépoüillé:

J'étois un Empereur & je ne suis plus rien.

La Sc. du *Plaidoyé* entre le Juge *Pillardin*, *La Ruine* Procureur, un Clerc & le Docteur, quoique dans le ſtyle Praticien, eſt très-plaiſante. Les citations latines dont cette Scène eſt burleſquement ornée n'en fait pas le moindre amuſement. 1683.

Les Auteurs de l'*Hiſt.* du *Th. Franç.* ne ſeront point ſans doute ſcandaliſés de l'obſervation que je prends la liberté de faire ici ſur leur ſentiment au ſujet de la Parodie de *Berenice*, dont il eſt parlé ci-deſſus. Ils ne font mention que de 2. Sc. parodiées, quoiqu'il s'en trouve bien réellement 5. dans la C. d'*Arl. Prothée*, & préjugent que l'Extrait qu'ils en donnent T. XI. p. 103. fera peut-être revenir de la prévention qui s'eſt perpétuée juſqu'à préſent dans l'eſprit de beaucoup de Perſonnes, parce que, diſent-ils, ces Scènes ſont pitoyables, & qu'il ne peut y avoir eu que la nouveauté du genre qui ait pû leur donner de la réputation. On laiſſe au Lecteur à décider ſi l'opinion des Srs. P.... eſt conforme à celle du Public. Sans cet *Eſſai*, nous n'aurions peut-être pas eu des *Parodies* auſſi agréables & auſſi ſpitituelles que *celles* qui ont paru depuis.

12. ARLEQUIN EMPEREUR DANS LA LUNE. L'Auteur de la Bibl. des Th. marque, vraiſemblablement d'après le Merc. Gal. 1684.

1684. que cette Piéce fit grand bruit, que tout Paris y accourut, que la Salle de l'H. de Bourgogne se trouva trop petite, & qu'*Isabelle* & *Colombine*, deux nouvelles Actrices, y jouérent des *Sc.* toutes Françoises. L'Auteur des *Rech.* sur les *Th.* ne fait qu'annoncer le Titre & le jour de la premiere Représentation. Voici ce qui se trouve dans le Merc. de Mars 1684. » Je ne vous dis rien d'une Comédie nouvelle de la Troupe Italienne, intitulée, *Arlequin Empereur dans le Monde de la Lune*, qui pendant 15. jours qu'on l'a jouée sans interruption sur la fin du Carême, a fait ici un fracas qui va au-delà de tout ce qu'on peut s'imaginer; tout Paris y a accouru, & à chaque Représentation le lieu s'est toujours trouvé trop petit. L'incomparable Arlequin s'est fait admirer à son ordinaire, aussi bien que les deux Actrices nouvelles, *Isabelle* & *Colombine*, qui jouent dans cette Piéce des Sc. françoises pleines d'une satire agréable & très-finement trouvée. » Baile en fait mention dans ses *Œuvres diverses*, & dit que c'est une Satire de l'Op. d'*Amadis*, mais je ne sçai si l'observation de ce célébre Ecrivain est bien juste, on ne connoît pas trop les rapports de cette Piéce avec l'Opera dont il parle; on en voit beaucoup plus avec le Systême de la *Pluralité des Mondes habités*, rendu si fa-

meux

meux par le charmant *Ouvrage* de l'un des plus beaux Esprits de notre siécle. *Gherardy* ne rapporte que 8. *Sc.* de cette Comédie. Celle de la *Protase* est entre le *Docteur* & *Pierrot*, qui disputent sur le Systême, si la Lune est un Monde réel ou idéal. Cet Examen est interrompu par l'embarras du Docteur, sur les différens Caracteres de sa Fille, de sa Niéce & de leurs Servantes; *Isabelle* ne s'attachant qu'à la Poësie, attire dans sa Maison tous les Poëtes; *Eularia* a toujours des Muguets à ses trousses; & les Servantes imitant l'humeur de leurs Maîtresses, sont devenues aussi folles qu'elles; il a dessein, pour s'en débarasser, de les marier toutes à la fois. *Arleq.* caché derriere le Docteur, le contrarie perpétuellement, & celui-ci croyant que c'est Pierrot, lui donne un soufflet, &c... *Sc.* du *Desespoir.* *Arleq.* vient seul se lamenter sur ce qu'il a entendu dire au Docteur qu'il veut marier *Colombine* à un Fermier. Le Jeu de Théatre, absolument nécessaire pour faire valoir de pareilles Scènes, donne plus que le Monologue même, l'expression aux divers mouvemens de désespoir auquel Arlequin s'abandonne La *Sc.* d'*Isabelle* & de *Colombine* est entierement sur le *ton des Précieuses Ridicules*, qui peut-être en a donné l'idée; Colombine le combat avec beaucoup de raison; elle voudroit que sa Maî- 1684.

1684. tresse épousât un Financier plûtôt qu'un Poëte, qui n'a ordinairement nulle ressource; cette Scène est très-comique. Arlequin, qui pourroit dans toutes les Piéces être appellé Prothée, paroît ensuite dans une petite voiture, qu'on nomme *Soufflet*. Un Commis lui demande d'où vient ce *Soufflet?* Arlequin répond équivoquement qu'il n'a donné ni reçû de *Soufflet*. Un Commissaire qui survient, veut sans raison verbaliser & se faire payer de son transport. *Arleq.* change d'habillement, le Soufflet devient Charette, & tout reprend sa forme à la volonté d'Arlequin, qui voyant arriver le Docteur se présente à lui pour le Fermier de Domfront; le Dialogue est dans le style d'une Farce, cependant le grand Jeu de Théatre a pû rendre cette Scène passable. La *Sc.* de l'*Ambassade & du Voyage d'Arlequin dans l'Empire de la Lune* est plaisante quoique longue. Arlequin cherche & trouve l'occasion d'attraper le Docteur, s'annonçant à lui pour l'Ambassadeur extraordinaire envoyé par l'*Empereur du Monde de la Lune* pour demander *Isabelle* en Mariage. Le Docteur charmé de l'amour du Prince pour sa fille fait plusieurs présens à Arlequin, qui feint que c'est l'Empereur qui l'ordonne. On pourroit trouver quelque ressemblance entre cette *Sc.* & celle du *Bourg. Gentilhomme*, où le *Grand Turc* vient demander à M. *Jourdain* sa fille en mariage. *Sc.* de l'*Apoticaire* entre *Arleq.* le *Docteur* & *Colombine.* Arlequin, sous le nom de M. *Cusifle*, dit que sans le Procès que les *Apoticaires* ont avec les *Parfumeurs*, ces premiers seroient trop riches ; que c'est une chose déplorable de voir la décadence de leur Profession, & assure que l'entreprise des Parfumeurs intéresse autant les Médecins que les *Apoticaires* : La démonstration & la conséquence sont très - comiquement rendues. On ne sçait au surplus si cette Scène a pour objet quelque contestation du tems, ou si c'est un simple badinage. La déclaration d'amour d'Arleq. à Colombine est dans les termes les plus énergiques de la Pharmacie. Une des meilleures Scènes est celle qui termine la Piéce d'*Arleq. en Emp. de la Lune*. Tous les Acteurs se rassemblent. L'on y repasse en revue toutes les conditions, & l'on fait voir que les défauts des Habitans de cette Planette sont les mêmes que ceux de notre Hemisphere ; & cette observation occasionne une Critique moins fine que plaisante des mœurs du Siécle. 1684.

13. ARLEQUIN JASON OU LA TOISON D'OR COMIQUE. La *Bibl.* & les *Rech. sur les Th.* ne font qu'annoncer cette Piéce. Voici ce qu'en dit le Merc. de Septembre 1684.

.684.
1684. » Comme les Italiens ont donné
» depuis 2. ans leur application à mériter les
» applaudissemens de leurs Auditeurs, & que
» pour y réussir ils n'ont épargné ni soins ni
» dépenses, toutes les Piéces nouvelles qu'ils
» ont jouées depuis ce tems là, ont eu des suc-
» cès qui ont passé ceux qu'on auroit pû es-
» pérer autrefois des Ouvrages les plus ache-
» vés. Tout Paris y accourt en foule com-
» me aux premieres Représentations de l'O-
» pera. La Satire vive & juste dont plu-
» sieurs de leurs Scènes sont remplies paroît
» profitable & de bon goût; & les vices &
» les folies des François étant des matiéres
» inépuisables, ils peuvent se promettre tou-
» jours de grandes Assemblées, s'ils conti-
» nuent à donner des Comédies de ce carac-
» tére. Ils en représentent une depuis 3. se-
» maines, intitulée, *la Toison d'Or Comique*,
» dont les seuls art. du mariage d'Arlequin
» Jason peuvent divertir les plus sérieux. »
Gherardy dans son Recueil rapporte seulement 7. Sc. françoises. Celle de l'*Enchantement* en Vers libres. Medée adresse une invocation aux Enfers, & pour se les rendre favorables, elle feint de compter de l'argent; & pleine de jalousie & de fureur, elle adresse les Vers suivans aux Habitans du séjour infernal:

Je me flatte de vous réduire.
Je possede un riche trésor

Que la taille à Jason soit bien défigurée; 1684
Comme vous faites tout pour l'or
C'est pour vous la Toison dorée.

La Statuë héroïque de Jason se trouvant changée en celle d'Arlequin durant la Piéce, Medée après l'avoir consideré sous cette figure, dit :

Le voilà tel que je desire;
Mais Ipsiphile vient. Adieu, je me retire.

Dans la *Sc.* sur les *Officiers*, qui, comme la précédente, est en Vers libres. *Ipsiphile* fait des reproches à Medée de ce qu'elle lui enleve *Jason* son Amant, mais cette derniere se flatte de l'en dégouter par le ridicule Portrait qu'elle lui fait d'un Militaire; *Ipsiphile* ne devient que plus pressante à lui demander ce Héros. Medée toujours inflexible finit la *Sc.* par ces Vers.

Quoi vous me demandez Jason!
Voyez un peu le bel Oison!
Oh la fortune n'est pas grande;
Vous vous coëffez d'un tel magot?
Laid, ventru, mal bâti, petit comme un Nabot;
Je vous aurois cru plus friande.
Vous allez voir passer son triomphe en ces lieux,
S'il suffit, pour guérir l'ardeur qui vous posséde,
De tout mon cœur je vous le céde.

1684. *La Reine Ipsiphile*, *Licurge* & plusieurs Dames placées aux Balcons voyent passer *Jason* sur un Char suivi de plusieurs Argonautes à cheval, ce qui fait un grand Spectacle. Le Dialogue est en Prose. La Harangue de Jason à la Reine; le Récit du Combat naval, & tout le reste de la Scène est très-plaisant. La bigarure n'est point épargnée dans ces sortes de Comédies. La *Sc.* suivante est en Vers libres. Medée veut absolument que Jason n'aime qu'elle, elle l'oblige à pleurer & même à se tuer: Tout cela est rendu d'une maniére extrêmement comique. *Ipsiphile* survient; Elle & Medée se disputent la gloire d'avoir le cœur de Jason. La *Sc.* qui suit est appellée des *Item*. Elle est en Prose. Tous ces *Item* sont autant de conventions matrimoniales & réciproques qu'ils s'imposent très-burlesquement. La *Sc.* des *Comédiens* est en Prose. Les Acteurs sont *Medée*, *Jason*, le *Comédien François* & le *Comédien Italien*. Cette *Sc.* a deux objets, l'un que les Comédiens François s'étant plaints dans ce tems-là au Roi de ce que les Comédiens Italiens parloient François dans leurs Piéces, Sa Majesté leur répondit: *Parlez Italien, vous autres*. L'autre objet est qu'en critiquant les Comédiens François, l'Auteur a eu en vûe de tourner en ridicule les grands mots de quelqu'Auteur du tems par les Vers ci-après:

Du grand flambeau des Cieux la clarté vagabonde, 1684.
De ſes raïons dorés perçoit l'émail de l'onde.
Du convexe azuré lançant ſes premiers traits,
Peignit les flots errans de ſes brillans attraits.
Lorſque la foudroïante & terrible Hypolite,
Reine de Thermedon redoutable au Cocite,
Faiſoit trembler l'Afrique & le Pole des Cieux;
Et jettant la fraïeur juſqu'au Thrône des Dieux;
Sa néphretique ardeur malgré tous les obſtacles,
Enfantoit par ſes coups l'horiſon des miracles.

Medée à la fin de la *Sc.* anime les Figures & fait jouer les Caſcades pour célébrer ſon mariage avec Arlequin.

14. ARLEQUIN CHEVALIER DU 1685.
SOLEIL. *Gherardy* ne rapporte que 4. *Sc.* en Proſe dans ſon Recueil. *Arleq.* embarraſſé dans le choix d'une Profeſſion capable de le faire vivre, conſulte Paſcariel, qui lui conſeille de ſe faire *Médecin*, parce que ſi la fortune lui rit il ſera bien-tôt riche; & ſur ce qu'Arlequin lui avoue ingénument ſon ignorance, Paſcariel le raſſure, en lui diſant que ce n'eſt pas la ſcience qui fait le Médecin, mais l'effronterie & le jargon : Enfin il lui donne de ſi heureuſes leçons, qu'*Arleq.* les imite parfaitement. Dans une autre Sc. *Colombine* apprend à *Iſabelle* ſa Maîtreſſe, les moyens d'avoir des Etoffes ſans les payer

1685. comptant. Cette Scène est trop libre; elle en prépare cependant une autre qui ne l'est pas moins. L'une des plus suportables est celle de la *Tirade* entre le Docteur & le jeune *Médecin*. Ce dernier est un Babillard impitoyable, qui pour étaler sa science ne donne pas le tems au Docteur de s'expliquer; c'est du bon comique. *Sc.* du *Garçon Marchand*, entre *Isabelle*, *Colombine* & Mr. *Galonnier*. Celui-ci accablé de politesses & de complimens par la Maîtresse & la Suivante, se trouve obligé de leur laisser ses Etoffes à crédit. La médiocrité de cette Scène en rend la licence encore plus insoutenable.

1685. 15. COLOMBINE AVOCAT POUR ET CONTRE. *Gherardy* l'a inserée toute entiere dans son Recueil: En voici le sujet. *Arlequin*, devenu riche par la succession d'un oncle, qui lui a laissé en mourant cent mille écus, ne veut plus tenir la promesse qu'il a faite à Colombine de se marier avec elle. Il dit à Scaramouche son Valet, sur les représentations que celui-ci lui fait de son infidélité, qu'il n'en craint point les suites, ayant consulté sur cela un Procureur de ses amis homme de conscience, qui lui a fort assuré qu'il n'étoit pas en âge lorsqu'il fit sa promesse, qu'ainsi il a l'esprit en repos, & qu'il épousera, malgré toute la Cabale, *Isabelle*, fille du Docteur,

qui doit lui faire une dot de trente mille écus. 1685.
Le Titre des *Métamorphoses de Colombine* auroit beaucoup mieux convenu à cette Comédie, que celui de *Colombine Avocat pour & contre*, puisque ce n'est qu'à la derniere *Sc.* qu'elle en jouë le Rôle, & que pendant le cours de la Piéce elle se travestit en *Espagnolette*, en *Femme de chambre*, en *Gasconne*, en *Moresque*, en *Portrait* & en *Avocat* : C'est sous ce dernier déguisement qu'elle paroît à l'Audience pour y plaider contre & en faveur d'Arlequin. Elle se surpasse si fort dans ce dernier Plaidoïer, qu'Arlequin se rend à l'amour de Colombinine & l'épouse. Cette Piéce est assez bonne pour faire aujourd'hui le même plaisir que dans sa nouveauté ; mais il faudroit la retoucher avant que de la placer dans le Repertoire. Celle de la *Femme Juge & Partie* de Montfleury, qui avoit été jouée en 1668. peut avoir donné l'idée de celle-ci.

16. ISABELLE MEDECIN. *Gherardy* ne 1685.
rapporte que 5. *Sc.* dans son Recueil. *Sc.* entre *Cinthio* & *Isabelle*, tantôt Fille & tantôt Médecin. *Cinthio*, après quelques réfléxions sur le mariage, devient subitement amoureux d'Isabelle, qui lui est inconnue & lui en fait sa déclaration : Elle lui répond qu'elle seroit assés disposée à l'écouter, mais qu'elle a un frere Jumeau qui a l'humeur toute opposée à

1685. la sienne. Elle sort & revient en habit de Médecin. Sous ce déguisement, elle rappelle à *Cinthio* quelques traits d'infidélités contre *Colombine* qui ne lui font pas de plaisir & même elle le menace, s'il suit cette nouvelle inclination, de quelque fin tragique. Le Dialogue en est fort joli. *Sc.* de la déclaration d'*Amour*, *Isabelle* en Médecin, sous le nom de *M. Poupardin*, vient visiter *Colombine* qui lui porte ses plaintes, de ce qu'elle l'abandonne si cruellement. *Isabelle*, après nombre de Questions, lui demande si le mal qu'elle ressent ne vient pas principalement de palpitations de cœur? *Colombine* avoue que c'est là sa véritable Maladie, & fait ensuite tout ce qu'elle peut pour faire appercevoir à son Médecin l'inclination qu'elle a pour lui. *Isabelle* ne s'en apperçoit que par l'aveu sincére que lui en fait *Colombine*, qui n'aime point *Cinthio*, à qui son Pere la destine, cela fait d'autant plus de plaisir à *Isabelle*, qu'elle le désire pour Epoux. *Sc.* d'*Isabelle* & d'*Arlequin*. Celui-ci veut tâcher de guérir *Isabelle* de l'amour qu'elle a pour *Cinthio*, & lui dit qu'il y a tant de gens bien bâtis qui se mettroient en quatre pour l'épouser, qu'une fille comme elle a tort de vouloir se jetter à la tête d'un homme tel que *Cinthio*; qu'il en sçait un qu'elle adoreroit pour sa taille... son esprit.... *Isabelle* curieuse lui demande s'il

connoît familiairement celui dont il lui parle. 1685.
Arlequin après bien des *Lazzis* se présente pour le Cavalier; mais peu s'en faut que sa gentillesse ne lui attire des coups de bâton. *Sc.* de la *Consultation* entre le *Docteur*, *Isabelle* & *Arlequin* : Ces derniers en Médecins & *Colombine* dans une Chaise de comodité. Cette Sc. est une très-jolie Critique sur les Médecins, qui ne sont jamais d'acord dans leurs Consultations. Arlequin qui fait le Médecin moderne, dit à Isabelle : *Apprenés jeune Homme ce que vous devés à votre Ancien* : Et sur ce que le *Docteur* leur dit que *M. Poupardin* a promis de guérir *Colombine*, par le moyen d'une *Tisanne laxative*...... *Arlequin* lui répond, *Mr. Poupardin est un âne* & vous *un ignorant*. *Colombine* ennuyée de leurs mauvais propos, leur demande s'ils viennent pour faire Consultation d'injures. *Sc.* du *Dénoument* entre *Isabelle*, *Colombine*, *Arlequin*, *Cascaret*, le *Docteur Octave* & *Cinthio*. Isabelle en Médecin, depuis le commencement de la Scène jusques vers le milieu, concerte avec Colombine pour faire réüssir ses desseins amoureux. Arlequin vient dire à *Isabelle Médecin*, que sa sœur qui est en bas s'impatiente. Isabelle prévient Colombine, que sur le récit avantageux qu'elle a fait d'elle à sa sœur, celle-ci meurt d'envie de la connoître. Isabelle sort

1685. & revient en habit de Fille. Les Complimens sont réciproques, mais la malicieuse *Isabelle* dit à Colombine, que ce prétendu frere va épouser Léonore. Colombine se trouve mal, ce qui donne le tems à *Isabelle* de sortir & de revenir sur le champ en Médecin. Colombine, dont l'évanouissement est passé, lui fait des reproches sur l'aveu que sa sœur lui a fait de ses Amours. Elles se reconcilient, & dans le tems qu'elles s'embrassent, le *Docteur* arrive, qui trouvant cette Action trop hardie, veut qu'on jette le Médecin par les fenêtres; mais l'aveu qu'*Isabelle* fait, qu'elle n'est devenue Médecin que pour empêcher *Cinthio* d'épouser Colombine, fait tout pardonner. Cette Piéce a quelque ressemblance avec *Crispin Médecin* & la *Dame Médecin*. Le *Dialogue* de ces 5. *Sc.* est du bon Comique, & en les augmentant de quelques autres, elles feroient une très-jolie Piéce d'un *Acte* qu'on verroit avec plaisir, & qui pourroit par conséquent être mise au Repertoire.

1687. 17. Le BANQUEROUTIER. *Gherardy* en rapporte 12. Scènes dans son Recuëil. La p^re. sert de Prologue. Les Interlocuteurs sont *Mezetin* & *Arlequin*. Celui-ci dit qu'il vient de la Comédie Italienne; qu'à la fin ces gueux là ont donné leur *Ban-*

queroutier après l'avoir prôné durant dix-huit 1689.
mois. Sur ce que *Mezetin* lui demande si c'est une belle Piéce, *Arlequin* jure sa foi qu'il n'en sçait rien, que l'envie de critiquer & de passer pour *Bel-esprit*, l'a empêché d'écouter la Piéce. Ce ridicule peut bien s'appliquer aux Jeunes étourdis de ce tems, qui ne vont aux Spectacles que pour les troubler. *Arleq.* raconte les moyens dont il s'est servi pour entrer à la Comédie sans payer, y prendre des rafraîchissemens sans qu'il lui en coûte rien & avoir encore de l'argent de reste. *Sc.* de *Persillet* & de *Colombine*; elle est assés bien dialoguée & donne une idée de l'intrigue de la Piéce. *Sc.* du *Financier* entre *Arlequin*, sous le nom de *Persillet* & *Colombine* en Veuve de qualité. Le Comique de cette Scène est si plaisant qu'on ne s'apperçoit point de sa longueur. *Sc.* du *Notaire* entre *Arlequin*, sous le nom de la *Ressource* Notaire, *Persillet*, *Colombine* & un *Laquais*. La souplesse & la ruse d'un *Usurier*, & les dangereux conseils d'un *Praticien* malhonnête homme, sont si parfaitement rendus, qu'ils peuvent servir de préservatif aux Sages. *Sc.* du *Portier*. Le *Caractere* d'un Valet, que la plus petite récompense engage à sacrifier sans ménagement les intérêts de son Maître, est ici bien représenté. *Sc.* du *Prêt* entre *Arlequin* en Notaire, plusieurs Créanciers en

1687. deüil & *Persillet.* Arlequin lui présente ; dit-il, les trois meilleurs Amis qu'il ait au monde & les trois plus riches hommes de Paris. D'intelligence avec *Persillet*, il engage ce dernier à prendre charitablement les douze cent mille livres que le *Docteur* & autres viennent lui offrir. Sur ce que *Persillet* remarque, quand ils sortent, qu'ils sont en grand deüil, *Arlequin* lui répond, que cela convient assés à des Gens qui portent leur argent en terre. *Sc.* de la *Toillette* entre *Isabelle* & *Colombine.* Le ridicule d'une jeune Coquette, honteuse de sa naissance, & qui veut trancher de la Princesse est très-bien rendu ; elle n'est pas la seule qui pardonne à son Pere de l'être, qu'en considération d'un opulent Mariage qui couvre l'affront de sa Généalogie ! La déclaration de *Colombine* en Cavalier, fait encore appercevoir l'extravagance de sa Maîtresse, d'être sensible aux propos d'un Fat ; Que d'*Isabelles* en ce Siécle ! *Sc.* du Maître à *chanter* entre *Arlequin* en Maître, son *garçon* tenant un *Theorbe*, *Isabelle* & *Colombine.* L'on voit, comme à la faveur de ses leçons, le Maître à *chanter* sçait rendre le Poulet à la Maîtresse & remettre le Billet de celle-ci à son Amant. Cette Scène est très-plaisante. *Sc.* de la *Banqueroute* entre *Persillet*, *Eularia* sa femme & *Colombine.* Persillet exhorte sa chere Epouse à avoir la fermeté d'âme qui convient dans de ſi grandes Actions. *Sc.* des *Créanciers* entre le *Portier*, *Colombine*, le *Docteur* & les autres Créanciers. Le bruit de la *Banqueroute* de Perſillet parvenu à ſes Créanciers, ils arrivent chés lui où le *Portier* & *Colombine* leur confirment qu'elle n'eſt que trop réelle pour eux. Ceux-ci diſant à Colombine que cette Banqueroute leur fait bien plus de tort qu'à elle; elle leur répond, qu'il ne leur en coûte que de l'argent, mais qu'outre ſes gages de 3. années, elle y perd encore....ſa jeuneſſe. *Sc.* de la Caſſette entre *Perſillet*, *Eularia*, *Colombine*, *Paſcariel* & *Mezetin.* Paſcariel vient annoncer la priſe de la Caſſette par le Grand-Prévôt. Perſillet ſe déſeſpere; Colombine le voyant ſi allarmé, lui demande ſi cela vient de ce que ſa Banqueroute n'eſt que de neuf cent mille Francs; qu'il doit ſe conſoler, dans l'eſpérance d'en faire une meilleure, qu'il faut bien commencer par quelque choſe. Mezetin qui arrive, aſſure que le Prévôt a été obligé de rendre la Caſſette; qu'un Prince avec toute ſa ſuite eſt à cent pas pour venir demander Iſabelle en mariage, & qu'il a appris d'un Courtiſan, que c'eſt le Prince de la Chimére. Perſillet félicite ſa fille ſur ſa future grandeur & lui promet, ſi elle devient Veuve, qu'elle doit s'attendre d'être encore mieux pourvûe. *Sc.* des *Ambaſſadeurs*, il y a aparence que 1687.

1687. c'étoit celle du *Dénoument.* Pascariel & Mezetin sont les Ambassadeurs, & après bien des postures & des grimaces, ils forment une Danse autour de Persillet; Aurelio qui s'est fait annoncer pour le Prince, paroît dans le moment que son Pere, suivi de plusieurs Archers, arrive pour faire emprisonner Persillet; mais tout s'arrange dès qu'Aurelio se fait connoître au Docteur, qui consent au Mariage de son fils avec Isabelle. Toutes ces *Scenes*, quoique détachées, font un vrai plaisir à la lecture, & il y a lieu de croire, qu'en les intriguant, elles feroient une petite Piéce d'un Acte très-comique, qui auroit du succès & seroit bonne à placer sur le Repertoire.

1687. 18. LA CAUSE DES FEMMES. Le Titre n'a point ou très-peu de rapport au sujet, dont voici l'idée en deux mots; M. de *Bassemine*, Banquier, veut marier sa fille avec M *Tuetout*, de peur, dit-il, qu'un Homme de Robbe ou d'Epée ne vienne à mépriser la condition de son beau-Pere. Sa Fille, qui a d'autres vûes, attire, par le moïen du Jeu, une foule de Jeunes gens & de prétendus Beaux-Esprits, ce qui lui donne l'occasion de voir à son gré *Aurelio*, qu'elle aime & dont elle est aimée. Arlequin & Colombine d'intelligence, imaginent plusieurs

stratagêmes

ſtratagêmes pour rompre le mariage projetté 1687.
par M. Baſſemine. Celui-ci, irrité de ce qu'Iſabelle a déchiré les Art. du Contrat de mariage, conſulte Colombine, qui lui conſeille de faire venir un Commiſſaire pour forcer ſa fille à lui obéïr. *Arleq.* en Commiſſaire, dit qu'il faut entendre les deux Parties; & comme, après le Plaidoïer d'Iſabelle, il juge en ſa faveur, M. Tuetout ſe rend, & elle épouſe Aurelio. Les 10. *Sc.* françoiſes recueillies par *Gherardy*, ſont trop joliment dialoguées pour n'en pas dire quelque choſe ici. *Sc.* de l'*Expoſition :* Elle ſe paſſe entre M. de *Baſſemine* en habit de deuil & *Colombine*, qui dit à ſon Maître qu'elle eſt ſurpriſe de lui voir l'eſprit auſſi lugubre que ſi l'on le menaçoit de reſſuſciter ſa femme, qui lui laiſſe au moins deux cens mille francs & pour plus d'un million de repos; à moins, continue-t'elle, que ce ne ſoit la privation du plaiſir de criailler contr'elle à toutes les heures du jour; que cependant il devroit chérir le veuvage qui peut faire ceſſer le bruit qui a couru de ſa jalouſie; qu'enfin on eſt plus leger de moitié quand on n'a plus de femme. Baſſemine lui répond, que ſa fille lui péſe plus que 50. femmes; qu'il reſtera Banquier plutôt toute ſa vie que de ne pas venir à bout d'expulſer de chez lui tous les faineans, Joueurs de Baſſette, de Lanſquenet & autres, qui perdent l'eſ-

1687. prit de sa fille & de ses Domestiques, qui l'exposent lui-même à de grosses amendes; & qu'il va la marier avec M. Tuetout Médecin. Colombine trouve qu'il a tort de se plaindre d'Isabelle, qui met tout en usage, par le commerce qu'elle a avec les Beaux-Esprits & les Gens de qualité, pour faire oublier qu'elle est la fille d'un Bourgeois qui ne s'est pas encore fait annoblir; que c'est un meurtre de l'unir à M. Tuetout, lorsqu'elle pourroit épouser un Homme de Robbe, toujours nécessaire en cas de Procès. Bassemine rejette ce parti, en disant que les Gens de Robbe sont trop les entendus, & qu'ils regardent ordinairement un beau-Pere comme un petit Vassal; qu'ainsi c'est par prudence qu'il choisit un Médecin, avec lequel il pourra vivre bourgeoisement. Il se propose aussi de rompre le Rendez-vous donné à Isabelle par le Chevalier Faquinet, ce qu'il a appris par une Lettre de ce dernier. *Sc.* entre *Isabelle* & *Colombine*. Elle roule sur le mépris qu'Isabelle a de la Profession de son Pere, & sur sa passion pour le Jeu. La morale de Colombine à ce sujet est parfaite : Elle soutient, & avec grande raison, que le Jeu, de quelque nature qu'on le prenne, est plein de dangereuses conséquences surtout pour une fille; qu'il ne faut pas pousser les malheureux jusqu'à la derniere extrêmité; que le gain engage souvent à des complaisances qui menent loin ; que c'eſt encore bien pis ſi l'on vient à perdre, puiſque cela met dans la néceſſité d'emprunter, & de faire connoître ſes beſoins aux gens qui découvrent les leurs à leur tour, & qu'enfin chacun ne ſe tire d'affaire que par un ſoulagement réciproque. Tout le Dialogue de cette Sc. eſt de la même force. *Sc.* du *More*, entre *Iſabelle*, *Colombine* & *Arlequin* en More. Ce dernier, après avoir fait l'étalage de tous ſes talens, ſe préſente pour entrer au ſervice d'Iſabelle. Il y a une trentaine de Vers ſur les Abbés coquets qui ſont très-joliment tournés, & ils peuvent également aujourd'hui faire Portraits, parce qu'il n'y a toujours que trop d'originaux en cette eſpèce. *Sc.* ſur les *Romans*, entre *Iſabelle* & *Colombine*. Critique des Lectures à la mode ; c'étoit celle des Ouvrages qui fourmillent encore aujourd'hui. *Sc.* du *Baron*, entre *Iſabelle*, *Colombine* & *Arlequin* en Baron. Ce dernier, par ſes maniéres, ſa fatuité & ſes impertinens propos, rend ſi bien le ridicule des Jeunes gens, que l'imitation eſt parfaite. *Sc.* entre *Baſſemine*, *Iſabelle* & *Colombine*. Le pere veut abſolument que ſa fille devienne l'épouſe de M. *Tuetout*, mais Iſabelle proteſte qu'il n'en ſera jamais rien. *Sc.* de la *Comteſſe*, entre *Iſabelle*, *Colombine* & *Arlequin* déguiſé en Comteſſe ; c'eſt du bas comique. *Sc.* entre M. *Tuetout* & *Colombine*. 1687.

1687. Malgré tout ce que celle-ci dit contre ſa Maîtreſſe, pour y faire renoncer le vieux Médecin, il ſe flatte, en l'épouſant, de lui faire paſſer ſa paſſion pour le Jeu. *Sc.* qui prépare celle de l'arrivée du *Commiſſaire*. *Baſſemine* ſe déſole de ce que ſa fille vient en ſa préſence de déchirer les Articles du Mariage. Colombine lui propoſe, pour éviter tout ſcandale, de faire venir ſon parent Commiſſaire. Tuetout qui arrive, aſſure qu'Iſabelle vient de lui déclarer qu'elle n'aura jamais d'autre époux qu'*Aurelio*, qu'ainſi n'étant pas curieux d'encourir les riſques de la coquetterie, il aime mieux renoncer au mariage projetté. *Sc.* du *Commiſſaire*, entre M. *Baſſemine*, M. *Tuetout* & *Arlequin* en Commiſſaire. Ce dernier fait comiquement le récit d'une partie des fonctions de cette Charge, & ſur ce que Baſſemine lui dit qu'il doit être prévenu du ſujet pour lequel il eſt mandé, il répond qu'oui; qu'il s'agit d'une femme qui le fait enrager. Baſſemine dit que grace à Dieu il n'en a plus, mais qu'il eſt queſtion de ſa fille, véritable eſprit de contradiction. *Sc.* du *Plaidoïé* d'*Iſabelle*, *Colombine* & pluſieurs parens. *Arlequin* en Commiſſaire trouvant bien dur le ſiége ſur lequel il s'aſſied, le Valet lui répond que c'eſt parce qu'aujourd'hui la Juſtice eſt diablement molle, & qu'on ne ſçauroit prendre trop de précaution : Plaiſanterie que je rapporte, pour continuer à donner une idée de celles de ce tems là. Arlequin se tournant du côté d'Isabelle, lui demande ce qu'elle peut avoir à dire pour se défendre d'épouser un Membre de la Faculté. Elle répond que son Sexe, ainsi qu'elle, est intéressé dans la Cause qu'elle va plaider, puisqu'il s'agit de l'intérêt public. Cette Scène, qui est la seule qui justifie le Titre de la Piéce, est assez bien dialoguée. On pourroit placer cette Comédie au Repertoire après l'avoir travaillée. 1687.

19. LA CRITIQUE DE LA CAUSE DES FEMMES. La *Bibl.* ne fait que l'annoncer, & il n'en est fait aucune mention dans les *Rech.* Cette petite Piéce est, comme on le voit par le Titre, la défense de quelques endroits critiqués dans la *Cause des Femmes*. *Gherardy* ne rapporte que 4. Scènes dans son Recueil. Elles sont si bien liées les unes aux autres, qu'on auroit lieu de croire qu'il n'y en avoit pas davantage, si par leur longueur elles pouvoient former une petite Piéce. *Sc.* entre *Cinthio* & *Pierrot*. Celui-ci fait voir la vie ridicule que ménent son Maître & sa Maîtresse, ainsi que celle de tous ceux qui les fréquentent. *Sc.* entre *Cinthio*, sa femme *Isabelle*, *Colombine* en *Baronne* & *Pierrot*. La conversation d'Isabelle & de la Baronne pré- 1688.

1688. pare la Critique qui ſe trouve dans la Scène ſuivante. Il eſt queſtion dans celle-ci d'un démêlé qui s'éleve entre *Cinthio* & *Iſabelle*, mais tout s'appaiſe par l'imbécile ſoumiſſion du mari aux volontés d'une impertinente femme. Ces Portraits ſont ſi naturels, qu'ils peuvent aller de pair avec les Originaux. *Sc.* entre *Iſabelle*, *Colombine* en *Baronne*, & *Arlequin* en *Chevalier*. Ce ſont encore des Portraits de deux *Précieuſes* & d'un Marquis ridicule, qui jugent à contre-ſens les Ouvrages d'eſprit. Il ſe trouve ici des endroits attaqués qui n'ont aucun rapport aux Scènes françoiſes de la Comédie de la *Cauſe des Femmes*, ce qui empêche de juger de la juſteſſe de la raillerie. *Sc.* entre *Iſabelle*, la *Baronne*, le *Chevalier* & le *Comte Conſtantin*. Pures plaiſanteries ſur ce dernier Perſonnage Italien, qui chantoit en cette langue un Air où il contrefaiſoit le Roſſignol. Cet Air connu, dit-on, de tout Paris, étoit de la compoſition du fameux *Philibert*. Les trois premieres Scènes ſont du très-bon comique, mais la derniere ne ſemble avoir été faite que pour favoriſer les talens de l'Acteur.

20. LE DIVORCE. Cette C. eſt de M. *Renard*, Auteur qui a donné depuis pluſieurs Piéces au *Théatre Franç.* & environ dix à celui-ci. Le *Divorce* eſt une des meilleures Piéces de l'*Anc. Th. It.* Le ſujet en eſt

ſimple. Il s'agit de faire ſéparer *Iſabelle* d'avec ſon mari M. *Sotinet* vieux ſous-Fermier; les incidens comiques rempliſſent parfaitement les trois Actes. *Gherardy* l'ayant inſérée toute entiere dans ſon Recueil, met en état d'en faire une analyſe plus exacte qu'aux Piéces précédentes. *Sc.* du *Prologue*, entre *Arlequin*, *Mezetin* en *Mercure*, & *Pierrot* en *Jupiter*, monté ſur un *Dindon*. Arlequin tout en colere, peſte contre ſes Camarades de ce qu'ils s'aviſent de ſe trouver mal quand il faut gagner de l'argent, & demande excuſe aux Spectateurs de ce que l'indiſpoſition du Portier & de Pantalon les empêche de jouer; qu'ils ne ſuivront cependant pas le mauvais exemple, & que, quoique la Comédie ſoit commencée, on rendra l'argent. *Mercure* annonce l'arrivée de *Jupiter* qui veut voir cette Piéce, afin, ſi elle lui plaît, d'introduire dans l'Olimpe le *Divorce*. Sur ce qu'Arlequin lui avoue qu'il craint les Siflets, Jupiter le raſſure, en lui diſant qu'il a fait proviſion de foudres de poches pour brûler la mouſtache du premier Sifleur. Ce Prologue finit par ces deux Vers. 1688.

MEZETIN.

O déplorable coup du ſort!

O malheur!

1688. ARLEQUIN.

Je fremis. Parle.

MEZETIN.

Patrocle eſt mort.

Precis de la Piece. *Aurelio*, frere d'*Iſabelle*, engage *Mezetin*, Valet de *Sotinet*, à le ſeconder dans l'entrepriſe de ſéparer ſa ſœur d'avec ſon mari. *Arleq.* dont l'habillement & la figure groteſque attirent les regards des Badauts, appercevant Mezetin, renoue connoiſſance avec lui, lui raconte ſes avantures, les dangers qu'il a courus par la méchanceté de la Juſtice, qui vouloit le faire pendre pour s'être amuſé à faire des Médailles; de quelle maniere il s'eſt ſauvé par le robinet de la fontaine de la Croix du Trahoir qui l'a jetté dans la Seine, & a paſſé du Havre aux Indes, dont il eſt de retour depuis peu. Sur ce que Mezetin lui objecte l'impoſſibilité, gros comme étoit Arlequin, d'avoir pû paſſer par le robinet, celui-ci lui répond que la frayeur de la potence rend diablement mince. Sotinet donne ordre à Pierrot de ne laiſſer entrer perſonne chez ſa femme : Arlequin en Barbier, dans le tems qu'il le raſe, lui vole ſa bourſe. Iſabelle paroiſſant à ſa Toilette, Colombine lui raconte la façon comique dont une femme, qu'elle ſervoit autrefois, ſe donnoit un viſage neuf tous les ſix mois. *Arl.*

en Maître à Danser leur débite nombre de plaisanteries ; il montre à Isabelle une malle pleine de marques ou cachets qu'on lui donne par leçon, & de chacune desquelles il est, dit-il, sûr de toucher un demi Louis chez le premier Banquier. Dispute entre Arleq. Maître à Danser, & Mezetin Maître de Musique, qui se traitent d'ignorans pour n'avoir pû chanter ensemble un Duo ; mais lorsqu'on les croit prêts à se tuer, Arlequin met fierement la main sur son Epée, jure comme un Dragon, & du plus grand sang froid il souhaite le bon soir aux Dames. Mezetin promet à Arlequin de lui faire épouser Colombine, s'il parvient à rendre une Lettre à Isabelle, à qui Sotinet fait des reproches sur sa conduite ; mais celle-ci lui répond qu'il est trop heureux de l'avoir épousée, qu'il est moins son mari que son homme d'affaire. Sotinet se met en colere & veut mettre dehors Colombine, sur l'approbation qu'elle donne à tous les impertinens propos de sa Maîtresse, qui feint d'avoir des vapeurs & de se trouver mal, pour obliger son mari à se retirer.. Arl. paroît sous le nom de Chevalier de Fondsec ; tout ce qu'il dit est d'un comique bouffon. Il vient ensuite, déguisé en Ambassadeur du Roi de la Chine, annoncer à Isabelle que son Maître tombe en charpie pour ses divins appas, & qu'il a un secret immanquable pour rom-

1688.

1688. pre l'Hymen qu'elle a contracté avec Sotinet. Arlequin raconte encore plusieurs Coutumes de la Chine, & entr'autres que les femmes ne portent leurs enfans que deux ou trois mois, & qu'elles les donnent le reste du tems à porter à leurs Filles de chambre; qu'on vit très-long-tems dans ce Pays, parce qu'il n'y a point de Médecins : Le surplus est d'un comique subalterne. Aurelio apprend à Mezetin qu'Isabelle consent à la fin de se séparer d'avec Sotinet; qu'il fera lui-même le personnage du Dieu de l'Hymen; & charge Mezetin de chercher un Avocat pour Isabelle. Le choix tombe sur Arlequin, qui s'y prête d'autant plus volontiers, qu'on lui promet de le bien régaler à la Buvette, & de lui faire épouser Colombine. Sotinet se désole, par la crainte d'être obligé de rendre les vingt mille écus dont il a avantagé sa femme par son Contrat de mariage. Enfin, Aurelio, sous la figure du Dieu de l'Hymen, vêtu de jaune, dans un Tribunal soutenu de Bois de Cerf, après avoir entendu les comiques & plaisans Plaidoyers de *Cornichon* & de *Braillardet*, prononce le Jugement de séparation d'entre Isabelle & Sotinet. *Gherardy* nous apprend, que quoique cette Comédie n'eût pas réussi sous le fameux Dominique, il la choisit pour son début au mois d'Octobre 1689. & qu'elle eut un grand succès. Elle est encore du nombre de celles qui pourroient être retouchées pour être mises sur le Repertoire. 1688.

21. LE MARCHAND DUPÉ. C'est une Piéce en trois Actes, insérée toute entiere dans le Recueil de *Gherardi*. Le sujet est de tourner en ridicule un vieux Marchand fort riche, volé par son Fils & ses Garçons; tourmenté par sa Femme & dupe d'une Maîtresse, fieffée Coquette, qui avec le secours de sa Suivante, trouve le secret de tirer de l'argent de plusieurs Soupirans qu'elle feint d'aimer, & dont elle se défait ensuite, pour se marier avec Aurelio, à qui elle apporte en Dot ce qu'elle a amassé. Cette Piéce est passable & même assaisonnée de bon Comique. Mr. Friquet se plaint à ses Garçons qu'on le vole; ceux-ci lui imposent silence, en lui faisant appercevoir qu'ils sçavent son intrigue avec Isabelle, qui donne lieu au dérangement de ses affaires. Son fils augmente encore plus ses aprehensions, en lui demandant compte de l'état de la Caisse, sa mere, dit-il, soupçonnant le bonhomme d'en détourner l'argent pour le donner à sa Maîtresse. Intimidé de ce discours, il donne à son Fils une Lettte de Change de quarante mille livres, pour qu'il se hâte de remplir le vuide de la Caisse, *Mezetin* l'accepte de grand cœur, disant qu'il est le premier homme du 1688.

1688. monde pour recevoir. Pierrot apprend à Mr. Friquet l'arrivée d'*Isabelle*, & que tous les voisins prévenus qu'il se ruîne avec cette Maîtresse, conspirent contre lui. Colombine donne ici des instructions un peu gaillardes à Isabelle, pour tirer parti des avantages que la nature lui a donné. Mezetin, sous le nom du Marquis d'Oripeau, vient rendre visite à Isabelle & joue assés bien l'Homme à bonne Fortune & le grand Seigneur ; il lui propose de se marier avec elle ; & s'appercevant qu'un de ses Laquais n'a point son écharpe, il veut le tuer. La fatuité d'un Avanturier qui oublie son origine est assez bien tourné en ridicule ! Colombine, chargée d'une Lettre pour Mr. Friquet, par laquelle Isabelle lui demande cinq cens pistoles, rencontre le Docteur, à qui elle escamotte cinquante Louis ; &, sur quelques reproches qu'il lui fait, elle lui dit qu'en conscience, pour une somme aussi modique, elle ne pourroit pas dire à sa Maîtresse grand bien de lui. Pendant cette conversation, Mr. Friquet paroît, & sa jalousie lui fait chercher querelle au Docteur, mais celui-ci le quitte en le menaçant de son Epée qu'il va chercher. Après bien des difficultés, Mr. Friquet promet à Colombine qu'il ira porter à Isabelle les cinq cens pistoles demandées par sa Lettre ; ce n'est cependant pas bien volontairement, car il fait cette réflexion.

Qu'il faut ſe rendre juſtice, qu'on n'aime pas les Vieillards pour des prunes. *Mezetin*, apprenant de Paſcariel que ſon pere a eu un démêlé avec le Docteur, ſe déguiſe en Prevôt pour les ſurprendre lorſqu'ils en viendront aux mains ; effectivement, à peine Mr. Friquet voit-il le Docteur, qu'il lui demande la vie ; auſſi-tôt Mezetin, feignant de vouloir mener ſon pere en priſon, en reçoit un Diamant. Après quelques excuſes fort comiques, qui tirent d'embarras M. Friquet, il court vîte chez Iſabelle pour lui annoncer la gloire du combat & lui remettre les cinq cens piſtoles promiſes. Dans le tems qu'ils ſont à faire collation, Pierrot, en Servante, vient les avertir qu'il y a des Gens en bas qui veulent brûler la porte pour entrer : Autre ſtratagême de Mezetin, qui arrive avec ſa ſuite en Maſques : ils danſent & chantent avec Colombine, & prennent enſuite M. Friquet par le nez ; ſon fils ſe met à ſa place, & après avoir chanté à table un couplet qui a du rapport aux circonſtances, il fait donner des nazardes & des coups de pieds à Friquet, & le menace même de faire un entremets de ſon nez & de ſes oreilles. Tout cela n'eſt pas d'un comique excellent. Friquet faiſant réflexion ſur tous ces événemens, reconnoît que l'amour n'eſt pas ſon fait, & proteſte que ſi Pierrot, chargé de découvrir qui ſont les Maſques qui l'ont ſi maltraité, 1688.

1688. les peut reconnoître, il consacrera dix mille écus pour en avoir raison ; & il finit par projetter d'envoyer son fils au loin, de crainte qu'il ne sache sa disgrace ; il lui fait entendre qu'il n'ignore pas qu'il le vole, & qu'absolument il faut qu'il prenne le parti de l'Emploi dans la Province : Mezetin refuse tout net la proposition, & dit qu'il aime mieux s'en tenir à sa Caisse. Friquet apprend par Pierrot que son fils, non-seulement est l'auteur de l'impertinente mascarade, mais qu'il est aimé d'Isabelle, qui lui a écrit nombre de Lettres & donné son Portrait. Friquet, outré de cette découverte, enfonce le coffre de son fils & s'empare de ses Bijoux. Colombine & Isabelle réfléchissant sur l'état de leurs affaires, commencent à appréhender que le pere & l'oncle de celle-ci ne lui fasse épouser un Couvent. Le Marquis d'Oripeau arrive en raillant Isabelle de la derniere avanture qu'elle a eu avec son pere, mais la fierté de cette Coquette le désarme au point de se jetter à ses genoux. Friquet le surprenant dans cette posture, menace son fils de le faire renfermer aux Capetes ; * il fait ensuite des reproches à Isabelle sur les Lettres & le Portrait, & lui redemande les cinq cens pistoles ; mais pour rendre le dénouement digne d'une pareille intrigue, qu'on peut dire très-scandaleuse, Colombine

* Maison de force.

fait annoncer la prétendue arrivée de Mad. 1688.
Friquet : A cette nouvelle, le Vieillard s'écrie qu'il est perdu, que douze Diables ne sont pas si terribles qu'elle, & qu'il ne sera plus question des cinq cens pistoles, si l'on le fait esquiver. Enfin Aurelio, Acteur postiche, apprend à Isabelle que son oncle est arrivé, & que son pere lui pardonne pourvû qu'il l'épouse. Ne peut-on pas observer avec justice que l'Auteur avoit des talens, mais pas assez de mœurs ? C'est en effet un reproche que les personnes sensées seront toujours en droit de faire à la plus part des Piéces de cet ancien Théatre, de n'avoir pas assez respecté les mœurs.

22. LES FOLIES D'OCTAVE, C. Au- 1688.
cun Auteur ni aucun Ouvrage ne faisant mention de cette Piéce, il est à présumer qu'elle ne fut pas reçûe favorablement du Public, quoique la *Bibl.* des *Th.* dise que l'Acteur commença à paroître avec succès ; dansant, chantant & jouant de huit sortes d'Instrumens.

23. COLOMBINE FEMME VANGÉE. 1689.
Quoique le sujet ne soit pas manié avec la derniere régularité, & que l'Auteur ne se soit pas embarrassé de former une intrigue bien suivie, le dénouement en est assez heureux. Cette Piéce est d'ailleurs assaisonnée d'un comique

1689. si plaisant, & soutenu par un jeu si agréable, qu'elle eut du succès. Les Scènes en sont naïves & bien assorties, ce qui forme un tout assez passable. C'est une Femme Coquette qui se plaît à voir le beau monde chez elle, qui l'amuse par des espérances, & qui, à travers de sa coquetterie, n'en est pas moins attachée à son mari absent. Celui-ci paroît dès le Ier. Acte accompagné d'*Olivette* fille du *Docteur*, & qu'il a enlevé de sa maison sous promesse de l'épouser, cependant il la présente à sa femme en qualité de Suivante. *Colombine* s'appercevant du Mariage de *Mezetin*, de concert avec *Olivette*, qui a reconnu la fourberie, se vange de l'affront aux dépens de ses épaules. La Piéce finit par le Mariage d'*Aurelio* avec *Olivette*. Afin d'éviter une monotonie, qui ne pourroit qu'ennuïer, nous n'entrerons point dans un plus grand détail des Scènes, dont la Méchanique est toujours la même que celle des Piéces précédentes, on ajoutera seulement ici, qu'il y a un Rôle de Nourice qui est aussi naturel qu'original. Cette Comédie pourroit être inférée dans le Repertoire.

Les Italiens ayant perdu au mois d'Aoust 1688. le fameux Arlequin *Dominique*, ils tâcherent de reparer cette perte par le nouvel Acteur *Mezetin* qui parut au mois de Novembre suivant.

24. LA

24. LA DESCENTE DE MEZETIN AUX ENFERS, Comédie en trois Actes. C'est un tissu d'Evénemens bizarres qu'on ne peut déveloper, puisque la Piéce est toute en Italien, à l'exception de quatre Scènes Françoises que *Gherardi* rapporte dans son Recueil, & dont voici l'Analise. *Sc* de *Mezetin* & de *Colombine*, elle est parsemée de traits d'un bon Comique. *Mezetin* arrivé dans un lieu inconnu, se trouve embarassé du choix qu'il doit faire d'un état pour gagner de l'argent; *Colombine* lui conseille d'enseigner la Musique, parce que, dit-elle, il n'y a pas une plus jolie Vacation au monde, puisqu'on est de tous les bons repas, jamais de promenades sans le Maître à chanter, qui prend de petits airs de familiarité que le mari passe sur la foi de la leçon. *Sc*. de *Mezetin* & d'*Isabelle*; quoique du bas Comique, elle fait rire, surtout par l'Histoire du Pere de Mezetin & de sa Profession. La *Sc*. de l'*Auteur* est bonne; c'est une Critique sur quelques Académiciens & Auteurs du tems; elle doit avoir rejoui les Spectateurs instruits de l'objet de la plaisanterie. *Sc*. des *Enfers*, elle est remplie de pensées originales & fort rejouissantes; entre-autres l'énumération des Nouveaux débarqués dans le séjour infernal, a quelque chose de singulier. La lecture que fait Caron, sur le journal de passage de plusieurs articles de 1689.

1689. Médecins, Apoticaires & Fermiers, lui fait obſerver que ces derniers étoient ſi gros & ſi gras, qu'ils ont penſé faire enfoncer la Barque : De plus, ajoute-t'il; *Paſſé quinze mille ſept cens, tant Clercs que Procureurs.* Pour ceux-ci, dit Pluton, il en faut faire proviſion; c'eſt le Bois d'Andelle de l'Enfer & je n'en veux point d'autre pour mon Cabinet. Les conditions auſquelles *Colombine* ſouſcrit pour retourner avec *Mezetin*, & que celui-ci lui impoſe pour la reprendre, ſont d'un Comique très-plaiſant. Enfin la Piéce eſt terminée par la Sentence de Pluton, qui permet à *Mezetin* d'emmener non-ſeulement ſa femme, mais toutes celles qui ſont dans l'Enfer juſqu'à Proſerpine même. Cette Piéce au ſurplus paroît avoir été faite pour mettre dans tout leur jour les talens du nouvel Acteur *Mezetin*, qu'il étoit queſtiou de faire briller.

1689. 25. MEZETIN GRAND SOPHI DE PERSE. Cette Comédie eſt ainſi que la précédente pour la plus grande partie en Italien, à l'exception de ſept Scènes que *Gherardi* rapporte dans ſon Recueil. Il n'eſt pas facile de déveloper le ſujet qui paroît être imité du *Bourgeois Gentilhomme* de Moliere. C'eſt un vieux *Gentilhomme de Beauce*, qui s'étant gâté l'eſprit par des lectures mal digerées, & par une jalouſie aſſés bien fondée, ſe met dans la tête de tranſplanter ſa famille en Perſe, parce que, dit-il, les Maris y ſont conſiderés comme des Oracles, & que les Femmes n'y tiennent point, comme ici, table ouverte de Cajoleries; qu'il a deſſein de marier ſa fille au *Grand Sophi*. *Octave*, qui aime & qui eſt aimé d'*Iſabelle*, fille de M. *Grognard*, profitant des viſions de ce Vieillard, fait traveſtir *Mezetin* en Roi de Perſe, obtient ſous le nom du fils du Prince, *Iſabelle* & découvre enſuite le ſtratagême dont il s'eſt ſervi pour réuſſir. Cette Piéce eſt rendue à la maniére dont les Italiens traitoient alors leurs Sujets, c'eſt-à-dire ſans conduite dans l'intrigue ni convenance entre les Perſonnages. Cependant les Scènes Françoiſes qui nous en reſtent, ſont d'un Comique très-plaiſant. La *Scène* de la *Magicienne* eſt une eſpéce de *Parodie* burleſque d'une Scène de l'Opera d'*Armide*, dans laquelle la Gloire vient arracher *Renaud* d'entre les bras de cette Magicienne. L'on ne voit pas la liaiſon de cette Sc. avec le Sujet, à cauſe de celles en Italien qui manquent. La *Sc.* de M. *Grognard* avec *Colombine*, roule ſur le mariage d'*Iſabelle* avec le *Grand Sophi* & ſur la jalouſie que *Grognard* a de *Fringalet*, Subſtitut, amoureux de ſa Femme, les reparties de *Colombine* ſont très-plaiſantes. Dans la *Sc.* d'*Iſabelle* & de *Colombine*. Iſabelle paroît mépriſer le mariage, parce qu'à 1689.

1689. son sens un Mari avec toutes ses dépendances lui est un trop fade ragoût pour avoir un empire despotique sur ses Apas, & rendre sa pudeur à jamais tributaire ; *Colombine* par ses repliques lui oppose d'assés bonnes raisons. La *Sc.* de *Pascariel* & de *Mezetin* est une Critique sur l'Homme de Guerre, qui, comme remarque plaisamment *Mezetin*, diminue en membres à mesure qu'il s'éleve aux grades ; le Comique en est naturel. *Sc.* du *Substitut. Colombine* en robe de Palais. Elle tourne assés bien en ridicule la fatuité d'un jeune Robin entêté de sa figure & de son mérite. La *Sc.* de l'*Astrologue* & celle du *Grand Sophi* sont du bas Comique, rempli de lieux communs. Il se trouve dans ces différentes Scènes quelques licences dans les termes & dans les démonstrations, qui ne passeroient pas à présent, & que l'on auroit raison de suprimer.

1690. 26. ARLEQUIN HOMME A BONNES FORTUNES. La *Bibl.* dit que cette Piéce fut faite pour être opposée à celle donnée dans le même tems au Théatre François sous le nom du Sieur *Baron*. Les *Rech.* ne font qu'annoncer cette Piéce, qui étoit presqu'en Italien, à la réserve de neuf Scènes françoises que *Gherardy* rapporte dans son Recueil. *Sc.* des *Robbes de chambre*, entre *Arlequin*,

ſous le nom du *Vicomte* de *Bergamotte*, & 1690.
Mezetin. Ce premier, appelle les Gens pour l'habiller, & menace *Mezetin* du bâton, Celui-ci lui conſeille de ſe comporter de façon, que les bonnes fortunes ne lui faſſent pas oublier qu'il eſt encore ſon camarade. *Arlequin* fait diſtinction ſur les bonnes fortunes. Paſſe, dit-il, pour celles qui me viennent par les préſens qu'on m'envoie de toutes parts; mais pour celles que nous faiſons en volant, j'ai peur qu'elles nous conduiſent à la Gréve. Comme il a ſur lui la Robbe volée à un Aveugle, Mezetin lui apprend que pendant qu'il dormoit, une Marquiſe, une Comteſſe & la veuve d'un Procureur lui ont envoyé chacune une Robbe de chambre. Sur ce qu'on annonce à *Arlequin* l'arrivée de ces trois femmes, il met à meſure les Robbes de chambre l'une ſur l'autre: Cette *Sc.* prépare la ſuivante, qui ſe paſſe entre la *Veuve*, *Arlequin* & *Pierrot* en *Veuve*. Sous ce déguiſement, celui-ci veut faire rendre à *Arlequin* la Robbe qu'il a reçue de ſa part, parce qu'il s'eſt apperçu qu'il en avoit d'autres qui annonçoient pluſieurs Maîtreſſes. La *Sc.* de la *Petite Fille* ſe paſſe entre *Iſabelle*, *Colombine* en *petite Fille*, & *Pierrot*; c'eſt une diſpute entre l'aînée & la cadette ſur le Mariage. Le Dialogue en eſt un peu trop libre. *Sc.* de *Brocantin* avec ſes filles. Sur ce qu'il

1690. leur parle de mariage, elles prennent le change, & pensent que cela les regarde, mais il les en dissuade bien-tôt, en leur disant qu'il a résolu, pour éterniser la famille *Brocantine*, de se remarier. Le style de cette Scène est assés plaisant. Les propos de la *Sc.* du *Vicomte*, entre *Colombine*, *Pierrot* & *Arlequin* en *Vicomte*, sont trop libres, & l'action blesse la vraisemblance. Il n'est pas naturel qu'une jeune fille de quatorze à quinze ans donne l'un après l'autre des Bijoux de valeur de plus de deux cens pistoles à un homme qui n'a pas de quoi payer son Fiacre, qui déclare avoir fait de faux Billets, & qui a l'impudence d'avouer en face de sa Bienfaitrice, qu'il va dire ailleurs qu'elle est une Guenon. *Sc.* de la *Tirade*, entre *Arlequin* & *Colombine* en *Avocat*. C'est le Portrait d'un scientifique Babillard, qui ne donne pas le tems aux autres de s'expliquer. La question proposée, étoit de sçavoir lequel valoit mieux d'épouser une Brune ou une Blonde. Cette Scène est très-jolie, & a quelque ressemblance avec celle du *Philosophe* dans le *Bourgeois Gentilhomme* pour la définition des Sciences. *Sc.* d'*Isabelle* en *Cavalier*, *Pierrot* & le *Docteur Bassinet*. *Isabelle* demande à *Pierrot* comme il la trouve; celui-ci répond que si tous les Capitaines étoient faits comme elle, ils gagneroient l'enrolement en faisant leurs Soldats eux-mêmes. Elle lui dit qu'elle se sert du déguisement où il la voit, pour détourner le mariage que son pere a projetté avec le *Docteur Bassinet.* Celui-ci arrive pour faire cette demande ; mais *Isabelle* en *Cavalier*, lui fait entendre que sa Prétendue est fille d'une conduite un peu suspecte, puisqu'il passe les nuits avec elle, ce qui détermine *Brocantin* à y renoncer. *Sc.* de *Brocantin* & de *Pierrot.* Ce dernier dit qu'il craint que *Brocantin* n'ait attendu trop tard pour marier ses filles, qui sont des animaux très-équivoques..... & semblables à des armes à feu, qui tirent sans qu'on y pense. *Colombine*, qui survient, annonce l'Ambassadeur du Prince *Tonquin* des Curieux. *Sc.* des *Curiosités.* Il y a un Jeu de Théatre qui ne peut se rendre sur le papier : Cette Scène finit par quatre avis comiquement tournés en Vers, qu'*Arlequin*, Prince *Tonquin*, dit avoir fait pour servir à la femme qui tombera sous sa coupe. 1690.

27. LA CRITIQUE DE L'HOMME A BONNES FORTUNES, Comédie en un Acte. Quoique les cinq *Sc.* qui la composent soient dans le goût d'une farce, on en va trouver ici l'analyse. *Sc. I.* entre le *Baron* de *Plat-Gousset* & *Nivelet.* Ils racontent les accidens qu'ils ont couru pour voir aux Italiens la Piéce nouvelle, & le *Baron* dit que rien 1690.

1690. ne prouve mieux la dépravation du goût du siécle, que l'affluence des femmes, des carosses & des chevaux qui vont à cette Comédie. *Nivelet* observe que s'il y a quelque chose de passable, c'est quand le *Vicomte* ôte à cette innocente jusqu'à un jonc d'or qu'elle a au doigt. *Sc. II. Nivelet* & le *Baron* demandant à souper, *Claudine* Servante de l'Auberge leur dit que cette Piéce la fera devenir folle, parce que le Monde n'en revient qu'à plus de neuf heures, que ces visages de Comédiens devroient plûtôt jouer dès le matin. *Sc. III.* entre la *Comtesse* & sa Cousine; l'une veut se plaindre en garantie de Couche, & l'autre dit qu'il faudra bien qu'on lui rende ce qu'on lui a pris : Le *Baron* demande à celle-ci, si c'est qu'elle étoit près d'un insolent, elle lui dit en pleurant que c'est sa Bourse où il y avoit dix Louis. Le *Baron* dit qu'il va se mettre au lit sans boire & sans manger, & qu'il n'en sortira qu'après qu'on aura renvoyé les Comédiens en Italie. *Sc. IV.* Un Marquis ridicule en désordre, Perruque de travers & Chemise déchirée, demande vite de la chandelle, du feu, une Bassinoire; qu'il ne lui reste de vie que pour faire son Testament, la lecture de cette Scène fait plaisir par la vivacité du style vraiment Comique. *Sc. V.* & derniere. Il y a un certain Bonaventure qui se mêle de raconter si ridiculement, qu'on ne peut s'empêcher de rire du Personnage. C'est bien le véritable Portrait de quantité d'Originaux qui fréquentent les Spectacles sans goût & sans talens. 1690.

28. Les Filles errantes, C. seulement annoncée par la *Bibl.* & les *Rech.* *Gherardy* n'en rapporte dans son Recueil que huit Scènes qui n'ont aucune liaison. *Colombine* & *Isabelle*, trompées par les Sermens amoureux de *Cinthio*, qui s'est ensuite éclipsé, se travestissent toutes deux séparément & le suivent de près. *Isabelle* en Servante de l'Hôtellerie, après avoir donné matiere à plusieurs Scènes assés Comiques, rencontre *Cinthio*, qui vient loger dans l'Hôtellerie où elle demeure, & par le moyen d'Arlequin & de Pierrot qui se déguisent en Commissaire & en Clerc, elles le forcent à l'épouser. Pour Colombine, comme elle ne paroît plus dans les dernieres Scènes, on ne sçait ce qu'elle devient. *Cinthio* dans une Scène est Maître de l'Hôtellerie où se trouve *Isabelle*, & dans une autre Scène c'est *Arlequin*. Tous ces défauts dans la composition des Piéces de ce tems, n'empêchoient cependant pas qu'elles ne fussent universellement applaudies : Le jeu des Acteurs faisoit excuser tout le reste. La *Sc.* de la *Civilité* représente une Agnès qui se prête trop facilement aux intentions 1690.

1690. d'un jeune Homme qui la séduit. La *Sc.* de *Croquinolet* peint assés naïvement un jeune *Badaut* qui n'a jamais rien vû, & qui se croit fort augmenté en merite pour avoir quitté Paris. Le récit de la Bataille de *Fleurus* est des plus Comique. La *Sc.* de la *Poularde* est une équivoque assés plaisante, qui regne dans l'entretien d'*Isabelle* & de *Cinthio* devant Arlequin Maître d'Hôtellerie, à qui ils veulent cacher le véritable sujet de leur dispute. La *Sc.* d'*Isabelle* & de *Colombine* sur les *Mœurs des François* & leur maniere de faire l'amour, en fait un Portrait assés juste. La *Sc.* des *Remontrances* de *Pierrot* est très-plaisante par les comparaisons qu'il fait d'une fille à un Vaisseau, à un Aveugle....... La *Sc.* du *Brave*. dans laquelle Arlequin en *Spadassin* cherche *Cinthio* pour lui faire épouser sa sœur, & dont le courage après l'avoir trouvé n'aboutit à rien, est passable. La *Sc.* de l'*Hollandois* étoit adaptée aux circonstances de la Bataille de *Fleurus*, où les Hollandois avoient été fort maltraités. La *Sc.* du *Commissaire*, où Arlequin qui le représente ne sçait ni lire ni écrire, attendu sa qualité de Juge, est assés bonne Cette Piéce étoit terminée par un *Divertissement*, dans lequel la *Chaconne* de *Cadmus* se trouvoit parodiée.

1690. 29. LA FILLE SÇAVANTE, Comédie en trois Actes. Quoiqu'il ne se trouve que huit Scènes Françoises dans le Recueil de *Gherardy*, elles font cependant appercevoir que le sujet est à peu près le même que celui des *Femmes sçavantes* de *Moliere* : Ces Scènes sont autant bonnes qu'aucune du tems. *Tortillon* bon *Bourgeois* a deux filles, *Angelique* & *Isabelle* ; dont l'une livrée toute entiere à l'Étude, ne veut point entendre parler de mariage, & l'autre travestie en Homme, se fait Capitaine d'Infanterie sous le nom du *Chevalier* de *Finbec* ; elle enrolle par subtilité l'Arc-en-Ciel, ancien ami de son Pere. *Arleq*. devenu amoureux d'*Angelique*, entreprend de lui faire goûter les maximes de l'Amour, qu'il débite d'une façon si spirituelle & si galante, qu'elle consent à lui donner sa main. Le peu de liaison de ces Scènes Françoises les unes aux autres empêche de voir ce que devient *Isabelle*. La *Sc*. de *Tortillon* avec *Pierrot* paroît être la premiere, parce qu'elle annonce le sujet, (commencement de régularité qui s'augmente successivement.) *Tortillon* se plaint de sa malheureuse Étoile, qui lui a donné deux filles si différentes de lui, qui n'a, dit-il, ni cœur ni étude. La *Sc*. entre *Tortillon* & *Angelique* est très-bonne. On voit le ridicule d'une Fille, qui sur un vain étalage de Sciences, contrarie toutes les paroles de son Pere & méprise avec beau-

1690.

1690. coup de dédain tous les Partis qu'il lui propose, soutenant qu'un bon Livre vaut mieux qu'un mauvais mari. La *Sc.* de la *Consultation*, quoiqu'isolée, est fort plaisante. *Arleq.* déguisé en *Veuve* vient pour consulter de quelle maniere on peut s'y prendre pour frustrer ses Enfans du bien de leur Pere, afin davantager du tout le jeune Homme à qui la Veuve veut se remarier, mais *Tortillon* avouant son insuffisance renvoye cette Veuve à sa fille Angelique, qui lui reproche son indignité. C'est une Critique assés juste de la conduite de la plûpart des Veuves coquettes. *Arleq.* y fait une peinture très-rejouissante des douceurs qu'il goûtoit dans son ménage. La *Sc.* de l'*Enrollement* est du bon Comique. D'abord, l'Arc-en-Ciel se plaint à *Tortillon* *, de ce qu'on a décidé que les Avocats auroient le pas sur les Marchands. Que la Justice radote..... Que les Gens de robe n'ont qu'à venir désormais rechercher les filles des Marchands.... Qu'il en auroit trois mille..... Oui, trois mille, qu'elles ne seroient jamais pour ces Messieurs. *Tortillon* pour dissiper le chagrin de son ancien ami, lui propose le mariage de sa fille Isabelle avec son fils Octave. L'Arc-en-Ciel lui déclare que ce fils est un vrai garnement qui n'a ni conduite ni raison; qu'il s'est amouraché d'une Veuve qui a des Enfans, plûtôt que d'épouser une Fem-

* Il y a lieu de présumer que c'étoit un Procès qui existoit alors.

me neuve, & qu'aulieu de profiter des heureux talens qu'il avoit pour devenir un grand Procureur, il a abandonné l'Étude pour prendre une Brette & un Manteau rouge, & qu'aulieu de vouloir perpétuer le nom de l'Arc-en-Ciel, il s'est avisé de se faire appeller le Baron de *Tricolor*. Dans le tems que *Tortillon* fait l'éloge du caractére, de la douceur & de l'obéissance de sa fille Isabelle, qualités, dit-il, capables de faire revenir *Tricolor* à la raison si elle l'épousoit; cette fille se présente sous l'habit de Capitaine : *Tortillon* surpris de ce travestissement, & ne sçachant à quoi attribuer cette mascarade, se retire. *Isabelle* restée seule avec l'Arc-en-Ciel, & par le secours de *Mezetin* qui fait le Rolle de Sergent d'affaires, vient about d'enroller ce pauvre Vieillard après l'avoir fait boire à la santé du Roi, & sans qu'il ait aucune méfiance du tour qu'on lui joue. Ceci représente assés au naturel les artifices dont on fait usage pour surprendre les simples. Cette Scène a beaucoup de ressemblance avec la Comédie de la *Fille Capitaine*. La *Sc.* du *Professeur d'Amour* est assés bien dialoguée. Les Préceptes galans d'*Arlequin* font un effet si rapide dans l'esprit d'*Angelique*, qu'il l'a dégoûte de l'Étude, & vient about de lui persuader que la véritable science d'une Femme est d'être belle & de plaire, aulieu que les Livres ne servent qu'à la rendre

1690.

1690. ſouvent très-inſuportable. C'eſt dommage qu'une cauſe auſſi eſſentielle à l'Homme, produiſe au Sexe des effets ſi dangereux, & que la malice & la vérité juſtifient ſi communément cette penſée!

1691. 30. LA COQUETTE *ou* L'ACADEMIE DES DAMES, Comédie. *Gherardy* la rapporte preſqu'entiere dans ſon Recueil, à l'exception de quelques Scènes Italiennes. Le Titre en annonce le ſujet, que voici en peu de mots. *Colombine*, fille de M. Trafiquet, donnant dans la Coquetterie la plus rafinée, reçoit avec le même empreſſement les hommages de tout le monde, juſqu'à ne pas dédaigner même ceux de ſon Valet *Pierrot.* Parmi ſes Adorateurs *Nigaudin Robin* ridicule, & un certain *Capitaine ſanfaron*, donnent matiere à des Scènes fort comiques; mais ſon Pere la deſtine à un Baillif du Maine, qui arrive en peſtant contre les embarras de Paris, & fait devant ſon futur Beaupere tout ce qu'il faut pour le dégoûter de ſon alliance. *Colombine*, qui, malgré ſa Coquetterie, n'aime véritablement qu'Octave, met tout en uſage pour rendre encore plus ridicule ce nouveau venu du Maine dans l'eſprit de ſon Pere; pour cet effet elle perſuade au Baillif de quitter ſa Charge & de ſe faire Marquis; Celui-ci donne dans le Paneau. Octave qui

craint de ſon côté que ſa Maîtreſſe ne change 1691.
en faveur du Manceau, lui fait rendre des viſites par *Mezetin* & *Paſcariel*, habillés en Femmes pour la dégoûter du Perſonnage. Non content de cette tentative, Octave les fait encore traveſtir en Bohëmiens, qui, accompagnés de quelques autres fourbes, rencontrent le Baillif, & ſous prétexte de lui dire ſa Bonne-avanture, le détournent tout-à-fait du mariage. Enfin *Colombine* lui dit, que puiſqu'il s'eſt fait Marquis pour lui plaire, elle veut bien l'épouſer, mais à condition qu'il ſera reçu dans ſon Académie. La cérémonie de la reception eſt fort groteſque; on l'habille en Femme, & on lui peint le viſage de rouge & de blanc. Trafiquet, ſurpris de trouver ſon gendre futur dans cet équipage, lui dit qu'il ne veut point donner ſa fille à un fou, & le renvoye dans ſon Païs; le Baillif s'en conſole, en diſant qu'il faut qu'un Provincial ait bien le diable au corps pour venir s'équiper d'une Femme à Paris. Il n'eſt pas difficile de s'appercevoir que l'intrigue & le dénouement de cette Comédie ont bien du rapport avec celles de *Pourceaugnac* & du *Bourgeois Gentilhomme*. Cette Piéce avec quelques corrections pourroit être placée au Repertoire.

31. ARLEQUIN ESOPE, Comédie en 1691.

1691. cinq Actes. La *Bibl.* dit que le bruit que fit l'*Esope* de M. *Boursault*, représenté en Janvier 1690. excita M. *Le Noble* à composer une Piéce du même genre pour le Théatre Italien, qui eut un grand succès, parce que la morale en est fine & les fables légérement écrites. Les *Rech.* ne font qu'annoncer cette Piéce, qui est en Vers, à l'exception d'une seule Scène. *Gherardy* a inséré cette Comédie toute entiere dans son Recueil. C'est la premiere qui ait paru sur ce Théatre avec une espèce de régularité. L'Auteur, homme d'esprit & connu dans la République des Lettres par plusieurs autres Ouvrages, a sçû, dans un sujet simple, lier une intrigue vraisemblable & tout à fait intéressante. *Esope*, favori de *Cresus*, aime & est aimé de *Rodope*, fameuse Courtisanne, qui, dégoutée du genre de vie qu'elle a mené jusques-là, consent à l'épouser par raison & par inclination. Esope de son côté veut marier sa fille Colombine à son ancien Ami le *Docteur Balouard* aussi diforme que lui. Mais Rodope, qui a pris en amitié Colombine, lui promet de ne point épouser Esope, s'il ne consent de lui donner Octave qu'elle aime. Après plusieurs Scènes fort comiques, qui naissent toutes du sujet même, Rodope voyant, que malgré ses représentations, Esope est toujours obstiné à marier sa fille avec le *Docteur*, entre dans

dans le ſtratagême que Colombine invente pour rompre ce mariage. Elle inſinue même à Eſope, que puiſque la diformité & la ſcience du *Docteur* ſont les ſeules raiſons qui lui donnent la préférence, elle a un couſin Médecin qui a pour le moins les mêmes avantages. *Colombine* ornée d'une boſſe & ſous la figure de ce Médecin, joue ſi admirablement ce Perſonnage qu'elle réuſſit à duper ſon Pere, qui charmé de ſa ſcience, & forcé d'ailleurs par la condition que lui impoſe *Rodope*, ou de rompre ſon mariage avec lui, ou de donner ſa Fille à ce prétendu Couſin, conſent à tout ce qu'on exige de lui. Colombine maîtreſſe de ſon choix la donne à *Octave*. Ce que dit *Colombine* dans la p^re. *Sc.* du ſecond Acte au *Docteur*, qui veut abſolument l'épouſer malgré elle, eſt ſi excellemment exprimé qu'on ne peut s'empêcher d'en rapporter ici le paſſage : 1691.

Pour paſſer un Contrat, il faut, comme je penſe,
Le concours de deux volontés.
Vous m'aimez ? dites-vous, la choſe eſt fort plauſible.
Vous m'aimerez toujours ? Eh bien, ſoit, je le croi:
Mais il faut que je puiſſe auſſi vous aimer, moi ;
Et c'eſt ce qui n'eſt pas poſſible,
Je vous le dis de bonne foi.

1691. Par de ſecrettes ſympathies,
Dont les puiſſans liens ſçavent nous attacher,
L'on voit tout en naiſſant des ames aſſorties
Qui ne cherchent qu'à s'approcher;
Et d'autres par antipathie,
Ne peuvent ni s'unir ni ſe laiſſer toucher.
Accuſez donc le Ciel, accuſez la Nature;
Si vous ne pouvez être aimé;
Et plaignez-vous d'avoir été formé
D'une antipathique figure.

Les douze Fables répandues dans cette Comédie ſont très-plaiſamment tournées, & l'application des Maximes parfaitement juſte. La circonſtance du *Rhinoceros* amené à Paris ſur la fin de l'année derniere 1748, auroit fait valoir doublement la premiere de ces Fables, ſous le titre de la *Biche* & du *Rhinoceros*. Cette Comédie eſt terminée par un Divertiſſement qui a du rapport avec le *Héros* de la Piéce & aux Circonſtances du tems où elle fut jouée. Toute l'Europe étant alors armée contre la France. On pourroit revoir encore cette Piéce avec plaiſir, & la placer par conſéquent au Repertoire.

1691. 32. Les deux Arlequins, C. en trois Actes de M. le *Noble*. La *Bibl.* dit que *Gherardy* dans le Role d'*Arlequin* l'aîné, contrefaiſoit ſi bien le Sieur Baron, Comédien François, qui s'étoit retiré du Théatre cette année, que tout le monde ne l'y pouvant plus voir en original, alloit en admirer la copie au Théatre Italien, toutes les fois qu'*Arlequin* le devoit parodier. Les *Rech.* ne font qu'annoncer le Titre de cette Piéce. *Gherardy* l'a insérée dans son Recueil. Elle est comme la précedente en Vers, à l'exception de quelques Scènes Italiennes qui se passent en mouvement. Voici l'idée du sujet. *Geronte*, riche Vieillard est amoureux d'Isabelle; Celle-ci, d'une fortune médiocre, fait ressource par le Jeu, & n'écoute pas favorablement les propositions de *Geronte*; mais, aidée des Conseils de *Colombine* sa Suivante, & gagnée par les liberalités du Vieillard, elle consent à l'épouser. Voilà le fond de la Piéce. L'Auteur a sçu y lier habilement un concours comique de deux Arlequins, qui produit une varieté des plus agréable. *Arlequin* d'Italie, arrivé à Paris, sur la fausse nouvelle de la mort de son frere Arlequin l'aîné, Valet de *Geronte*, pour en recueillir la succession, fait rencontre de Pierrot qui lui offre sa maison pour y loger. Celui-ci reçoit à titre de Dépositaire une bourse de vingt Ducats. Ils arrivent ensemble près de la maison d'Isabelle, où Marinette sa Servante, qui aime Arlequin l'aîné, le prenant pour lui, lui donne un soufflet aussi-bien qu'à Pierrot 1691.

1691. pour se venger, dit-elle, de leurs mépris; premier *qui pro quo* que la ressemblance occasionne. *Geronte* ayant chargé son Valet de porter à Isabelle un petit Coffre plein de Bijoux; celle-ci se fait scrupule de les recevoir, parce que, dit-elle, qui prend s'engage, & remet à Colombine le Coffre pour le faire rendre au Vieillard; la Suivante par suite de *qui pro quo*, remet le Coffre au cadet Arlequin, qu'elle croit être Arlequin l'aîné, ce qui occasionne une dispute entre ce dernier & Colombine qui est tout-à-fait divertissante. Dans la *Sc.* qui fait *Parodie* à celle du *Cid*, *Gherardy* qui jouoit le Rolle d'Arlequin l'aîné, contrefaisoit si parfaitement le Sieur Baron, retiré du Théatre François, que la Cour & la Ville lui accorderent le suffrage le plus flatteur. La *Sc.* des deux *Arlequins* qui se rencontrent sans se voir, & par conséquent sans se reconnoître, à cause de l'obscurité de la nuit, est des plus comique. *Arlequin* le *Cadet* paroît ensuite, tenant le Coffre aux Bijoux & médite son retour en Italie. *Geronte*, qui survient, le prenant pour son Valet, veut qu'il les lui rende, mais il n'en reçoit que des coups pour toute réponse. Le Commissaire qui a été appellé, donne, par sa lenteur à venir, le tems à *Arlequin Cadet* de s'échapper. Arlequin Valet de *Geronte*, qui arrive pour parler à son Maître, est arrêté & fouillé par la

Cohorte satellite, mais Pierrot qui croit que c'est *Arlequin Cadet*, appelle du secours, bat les Archers & le Commissaire & retire son ami de leurs mains. L'aparition des deux *Arlequins* à la fois & leur reconnoissance fraternelle leve l'équivoque ; la Piéce se termine par le mariage d'*Isabelle* avec *Geronte* ; & *Octave* jeune avaricieux qui l'aimoit se retire. *Arlequin* l'Aîné épouse *Colombine* & le Cadet *Marinette*. Cette Piéce pourroit bien avoir place dans le Repertoire. Les *Menechmes* de *Plaute* ont pû donner l'idée de cette Comédie, comme ils ont occasionné celle de *Renard* en 1706. 1691.

33. ULISSE ET CIRCÉ, C. en trois Actes & en Prose. *Gherardy* l'a insérée toute entiére dans son Recueil, à quelques Scènes près qui étoient en Italien. L'Auteur n'a pas profité du bon exemple que venoit de lui donner Le Noble, qui le premier a sçû donner de la régularité à ses Piéces ; cependant celle-ci, malgré ses défauts, est passable, & il y a même certains endroits qui sont neufs & bien tournés. Suivant le Systême de l'Auteur, *Circé*, pour satisfaire la curiosité naturelle à son sexe, s'envelope avec *Colombine* sa Suivante dans un nuage épais qui les conduit au siége de Troyes. Elle y voit cette belle Grecque qui a fait armer tant de fameux Guer- 1691.

1691. riers; & parmi les Héros, *Ulisse* se trouve le seul digne de ses regards & de son estime. Par le secours de son Art enchanteur elle fait si bien qu'*Ulisse*, qui s'est embarqué avec ses Compagnons pour retourner à Itaque, vient échouer à l'*Isle d'Acaé*, que *Circé* habitoit, suivant la Fable. A mesure que les hommes sortent des Vaisseaux, elle les change en différens animaux, à l'exception d'*Arlequin*. Ces métamorphoses donnent lieu à des Scènes très-boufones. *Ulisse*, après avoir été bien reçû de *Circé*, veut partir; mais comme il se trouve arrêté par les circonstances, il feint, par les conseils d'*Arlequin* & de *Colombine*, de répondre aux tendres empressemens de *Circé*, qui rétablit dans leur premiere forme les Gens de la suite d'*Ulisse*, sur la promesse qu'il fait de rester encore quelque tems dans l'Isle & d'y revenir bientôt. *Circé*, pour cimenter l'engagement, fait épouser *Colombine* à *Arlequin*, & *Marinette* à *Mezetin*. Cette Piéce, terminée par un Divertissement que Circé donne à Ulisse en réjouissance de leur union, mérite d'avoir place au Repertoire. Ce même sujet de la Fable a produit un *Opera comique* fort joli, sous le Titre des *Animaux raisonnables*.

1691. 34. LE PHENIX, Comédie en trois Actes, en Prose & en Vers. La *Bibl.* dit qu'elle fut jouée avec grand ſuccès. Les *Rech.* ne font que l'annoncer. Le *Mercure* d'Octobre 1691. dit que les *Italiens* préparent une Piéce nouvelle avec un grand ſuccès d'agrémens à leur maniere ; qu'elle eſt intitulée le *Phénix* ou la *Femme fidelle*, & que le deſſein de l'Auteur eſt de faire voir que comme il n'y a rien de plus rare que le Phénix, il n'y a rien auſſi qui le ſoit plus qu'une femme qui garde la fidélité. Quoiqu'il ne reſte que dix Scènes françoiſes recueillies par *Gherardy*, voici cependant à peu près le ſujet. Un *Prince* qui n'a point de nom, pouſſe la délicateſſe, en fait de jalouſie, juſqu'à vouloir éprouver la vertu de la *Princeſſe* ſon épouſe : Pour y parvenir, il engage *Colombine* à ſe déguiſer en *Bacha Turc* ; il lui fait monter un Vaiſſeau, rempli de faux Turcs, qui ſe tient à la rade prêt à enlever la *Princeſſe*. Pour faciliter l'entrepriſe, l'on donne une Fête magnifique ſur le bord de la Mer, ou en Mer même, car les Scènes françoiſes ne le marquent pas préciſément. *Colombine* ne manque pas l'occaſion d'enlever la *Princeſſe* ; alors elle lui fait faire des propoſitions par *Arlequin* déguiſé en *Turc*, qui dans une Scène en Vers met toute ſa Rhétorique groteſque pour perſuader la *Princeſſe* de ſe rendre aux feux preſſans de ſon Maître, & finit par ces Vers : 1691.

1691. Je vais vite au Bacha conter notre entretien,
Et je vous donne ma parole,
Que si j'ai bien joué mon Rôle
Le Bacha joura mieux le sien.

Effectivement, *Colombine* en *Bacha*, employe d'abord tout ce que la galanterie a de plus fort pour séduire la *Princesse*, ce qui donne occasion à *Arlequin* de dire qu'il ne faudroit que deux femmes comme celle-là pour mettre les maris à une mode qui passeroit bien vîte. Cette Scène est assés jolie, & le seroit encore plus sans quelques plaisanteries un peu grossiéres dont *rlequin* assaisonne la conversation du *Bacha*. La *Princesse*, pour se tirer d'intrigue, feint d'être folle ; elle y réussit au point que son époux, qui en est alarmé, va consulter les *Philosophes* anciens, ce qui donne lieu à la Scène des *Philosophes*, qui est remplie de Portraits où beaucoup de gens peuvent encore se reconnoître, étant dans le goût du siécle. La *Sc.* de la *Folie*, où la *Princesse*, déguisée en *Auteur*, feint d'apporter une Piéce aux Comédiens, est assés dans le naturel. La *Sc.* du *Colonel* paroît hors d'œuvre, puisqu'elle n'a pas un rapport direct au sujet : La Piéce finit par la *Sc.* des *Matrones*. *Arlequin*, déguisé en *Commissaire* infernal, ordonne que toutes les femmes anciennes & modernes qui sont en odeur de vertu, graces, dit-il, à la fatuité de nos Ancêtres, comparoiſſent pour faire apurer leurs comptes de chaſteté pardevant lui. *Lucrece*, *Artemiſe*, *Penelope* & *Didon*, qui paſſent en revue, eſſuïent des quolibets aſſés plaiſans; il conclut que tous leurs honneurs broïés enſemble ne valent pas celui de la *Princeſſe*, qu'il appelle un *Phénix*; mais pour conſoler les Spectateurs, il finit par ce joli Quatrain. 1691.

Car s'il n'eſt qu'un Phénix, ou, ſoit dit entre nous,
Qu'une femme fidelle à qui ce nom convienne,
Hé bien, chaque mari jaloux
N'a qu'à croire que c'eſt la ſienne.

35. ARLEQUIN PHAETON, Comédie en trois Actes. Elle n'eſt qu'annoncée par la *Bibl.* & les *Rech.* *Gherardy* l'a inſérée toute entiere dans ſon Recueil. Le Sujet, qui eſt tiré de la Fable, eſt aſſés bien rendu à la maniere des Italiens, c'eſt-à-dire burleſquement. *Phaëton* ſous l'habit d'*Arlequin*, & *Epaphus* ſous celui de *Pierrot*, chacun de leur côté, viennent conſulter la Nymphe *Doris*, ſçavante Devinereſſe, afin d'être inſtruits du ſort de leur amour pour *Galathée*, qu'ils aiment tous deux ſans le ſçavoir : ils prennent querelle enſemble ſur leur naiſſance. *Epaphus* reproche à *Phaëton* qu'il ignore l'auteur de la ſienne, & qu'*Apollon* n'eſt pas même ſon 1692.

1692. pere. *Momus*, qui ſurvient, prend le parti d'*Epaphus*. Celui-ci eſt défait dans le Combat burleſque que lui donne *Phaëton*; mais *Momus*, qui veut le perdre, lui conſeille d'aller trouver le *Soleil*, pour le prier de lui laiſſer conduire ſon Char, afin de faire voir à tout le Monde qu'il eſt ſon fils : Exemple qui fait voir combien il eſt dangéreux de ſuivre aveuglément les conſeils de toutes ſortes de gens. *Momus* offre même à *Phaëton* de le conduire, ce qu'il accepte ſans réflexion. Pendant leur voyage dans la premiere région de l'air, tous les objets qu'ils découvrent ſur la Terre & dans les Cieux donnent matiere à des Scènes extrêmement comiques, qui roulent ſur les différens états & conditions des Habitans de Paris. Parvenus au Palais du Soleil, le Dieu du Jour promet à *Phaëton* de lui accorder tout ce qu'il lui demandera, pour preuve qu'il le reconnoît pour ſon fils. *Phaëton*, après l'avoir fait jurer par le Stix, exige témérairement qu'il lui laiſſe conduire ſon Char ce jour là, ce qu'il obtient après les remontrances qu'*Apollon* lui fait ſur la hardieſſe de l'entrepriſe. *Phaëton* ne pouvant gouverner les chevaux de ſon pere, s'approche ſi près de la Terre qu'il l'embraſe, ce qui oblige ſes Habitans, les Fleuves & les Dieux des Forêts à implorer le ſecours de *Jupiter*, qui, touché de leurs malheurs, foudroye *Phaëton*:

mais son frere *Esculape* le ressuscite. Il est surpris en se réveillant, (car il ne croit pas avoir été défunt) de voir qu'un tombeau soit son lit, & demande à boire. Loin d'avoir du chagrin que ses sœurs soient changées en Peupliers & Cignus son ami en Oiseau, il s'en réjouit, en disant qu'il en héritera d'avantage. *Phaëton* est embarrassé de la Profession qu'il doit prendre en épousant *Galathée*. *Apollon* après avoir donné audience à un *Poëte*, à qui *Pegaze* a cassé la machoire, marie son fils à cette Nymphe, & les engage à choisir la vie champêtre & à se faire Bergers pour être heureux. Ce même Sujet avoit été l'année précédente traité par *Boursault*, mais avec bien plus de finesse & d'agrémens. Le Théatre Italien sembloit vivre alors de répétitions. 1692.

36. LA PRE'CAUTION INUTILE, Comédie en trois Actes & en Prose. *Gherardy* l'a insérée toute entiére dans son Recueil, en voici le Sujet : *Gaufichon*, riche Vieillard, amoureux d'*Isabelle*, veut marier sa sœur *Colombine* au *Docteur Balouard*; & pour la soustraire aux feux de *Léandre* son amant, il prend la résolution de l'enfermer si bien, qu'il ne puisse la voir qu'après son mariage avec le *Docteur*. Pour réussir dans son dessein, il fait garder sa porte par *Pascariel* 1692.

1692. & *Pierrot* ses Domestiques, & entreprend de faire boucher les soupiraux des caves & griller les fenêtres de sa maison. *Arlequin* & *Mezetin*, à la sollicitation de *Léandre* & de *Colombine*, pour rendre les précautions de *Gaufichon* inutiles, se déguisent en *Maçon* & en *Serrurier*, & après lui avoir escamoté vingt pistoles, ils lui font acroire que la Justice défend aux Ouvriers, à peine de la corde, de prêter la main à quiconque veut enfermer femmes ou filles, & même les oblige de dénoncer tous ceux qui ont ce dessein, sous les mêmes peines. Ensuite *Mezetin*, déguisé en *Marchand*, trouve le moïen de donner une Lettre de *Léandre* à *Colombine*, & *Pierrot*, en *Porteuse d'eau*, se charge de la réponse; mais ces deux Lettres sont interceptées par *Gaufichon*, que *Colombine* trompe si habilement, par le moïen d'une fausse histoire d'un certain M. *Briseroche*, Capitaine de Bombardiers qui l'aime, que *Gaufichon* ordonne à la *Porteuse d'eau* de remettre cette réponse à sa destination. *Arlequin*, sous l'habit d'un Garçon Tailleur, trouve le moïen de rendre le Portrait de *Léandre* à *Colombine*, qui lui remet le sien sans en prévenir *Arlequin*, ce qui donne lieu à une Scène des plus comiques, mais du comique de ce tems là. *Gaufichon*, qui a trouvé le Portrait de *Léandre*, irrité de voir toutes ses peines inutiles, veut connoître qui de ses Valets le trahit, & pour cela il s'enveloppe dans le manteau de son Cocher, & se présente ensuite devant sa maison. *Pascariel* & *Pierrot*, qui sont sentinelle à la porte, armés jusqu'aux dents, paroissent mordre d'abord à l'ameçon; mais après qu'ils ont reçû quelques pistoles, ils lui donnent tant de coups, qu'il est obligé, pour se sauver de leurs mains, de leur donner encore de l'argent. *Arlequin*, sous l'habit d'un Gentilhomme Normand, & de concert avec *Colombine*, apporte une Lettre à *Gausichon*, d'un de ses meilleurs amis qui le prie de le loger, ce que celui-ci fait volontiers, malgré le peu de vraisemblance qu'un homme aussi méfiant reçoive chez lui un inconnu sur une simple Lettre de recommandation. Enfin, après plusieurs Scènes assés divertissantes, & une infinité de ruses & de stratagêmes dont *Gausichon* est toujours la dupe, il signe le Contrat de mariage de sa sœur avec *Léandre*. On ne voit point ce que devient le sien avec *Isabelle*. Il ne faut pas s'attendre, en général, dans ces sortes de Piéces à beaucoup de régularité. 1692.

37. L'OPERA DE CAMPAGNE, Comédie en trois Actes & en Prose. Cette Piéce, insérée dans le Recueil de *Gherardy*, est précédée d'une seule Scène assés ingé- 1692.

1692. nieuse, & qui roule sur les *Sifflets*. *Arlequin* soutient que l'homme est un animal sifflant; & *Colombine*, qu'il est plutôt porté au rire; & que la fatuité qu'il a de sifler est commune avec les linottes & les serpens. Hé Messieurs, dit *Arlequin* au Parterre, n'ayez rien de commun avec ces vilains animaux là. *Colombine* au contraire l'invite à sifler, non pas comme des linottes, mais avec la prudence des serpens. La Comédie est du genre de celles qui intéressent assés pour entrer dans le détail du sujet. *Jannot*, Baillif, est un de ces originaux ressemblans à *George Dandin*, que la seule vue de sa femme fait trembler; mais celle-ci, sous le nom de Madame *Pernelle*, est à son tour soumise aux volontés de *Pierrot*, qui en Maître-valet conduit toute la famille. *Octave*, Amoureux de *Therese*, fille de ce Baillif, charge son Valet *Arlequin* de mettre tout en œuvre pour l'obtenir. *Arlequin* s'adresse à *Pierrot*, qui, après avoir reçû de l'argent, se moque de lui; cependant *Arlequin* voyant passer une Troupe d'Opérateurs avec tout le bagage, la retient pour son Maître; il y parvient avec d'autant plus de facilité, qu'il y rencontre *Colombine* qui le prie de ne la pas découvrir, parce qu'elle se fait passer pour Fille de Qualité qui s'est mise à l'Opera pour son plaisir, & que le *Docteur* en est amoureux. *Arlequin* augure favora-

blement de cette circonſtance, & forme le 1692.
projet de s'en ſervir à propos pour faire voir l'Opera à Madame *Pernelle* dans ſa Maiſon, & lui éviter par là le voyage qu'elle médite de faire tout exprès pour voir ce Spectacle à Paris. *Octave* trouve le moment de s'entretenir avec *Jannot*; & ſur ce que celui-ci avoue ſa bêtiſe, *Arlequin* lui conſeille de quitter la Robbe & de prendre l'Épée, afin de marquer plus de vigueur pour devenir le maître; mais l'apparition de Madame *Pernelle* détruit bien-tôt toutes les bonnes réſolutions de ſon mari, qui ſe laiſſe traiter avec le dernier mépris: Cette *Sc.* très-naturellement rendue eſt fort comique. *Pierrot* voulant mettre la paix entr'eux, s'emporte contre Madame *Pernelle* ſur le voyage qu'elle veut abſolument faire à Paris pour y voir l'Opera. *Jannot* qui paroît enſuite avec une épée rouillée, & un chapeau en pain de ſucre orné d'une plume de coq, ſe vante que ſa figure va faire trembler ſa femme, & pour échantillon de ſa puiſſance, il fait parler *Thereſe* à *Octave*; mais l'entretien eſt bientôt interrompu par l'arrivée de Madame *Pernelle* qui fait fuir ſon mari, lequel en ſe retirant défend à ſa fille de dire que c'eſt lui qui a occaſionné cette entrevue. Enfin, après pluſieurs Scènes fort divertiſſantes, où la timidité du Baillif ſe développe de plus en plus, *Octave*, *Arlequin* & les Acteurs de

1692. *l'Opera de Campagne* se joignent ensemble ; & par quelques Scènes parodiées sur l'Opera d'*Armide* qu'ils représentent, Madame *Pernelle* se trouve enlevée avec *Arlequin*, & est forcée de signer le contrat d'*Octave* avec sa fille ; d'un autre côté, une troupe de Monstres précipitent *Pierrot* dans une Cave pour l'empêcher de troubler leur dessein. Il y a une Scène où *Pascariel* montre à *Arlequin* une espéce de Liste des Affiches de Paris qui est parfaitement comique. Cette Piéce mérite d'être inscrite sur le Repertoire.

1692. 38. L'UNION DES DEUX OPERA, petite Piéce d'un Acte. La *Bibl.* nous apprend d'après *Gherardi*, que ce qui y donna lieu fut l'*Opera de Village* donné au *Théatre François* quelque tems après l'Opera de *Campagne* des Italiens. Les *Rech.* n'annoncent que le Titre de cette Comédie, qui a dû faire plaisir dans sa nouveauté.

1692. 39. LA FILLE DE BON SENS. La *Bibl.* nous apprend que cette Comédie eut un médiocre succès. Les *Rech.* ne donnent que le Titre ; mais *Gherardi* l'a insérée toute entiere dans son Recueil ; en voici le sujet. Le *Docteur Balouard*, vieux Médecin, *Geronte* jeune Financier, *Octave* jeune fat amoureux de lui-même, *Cinthio*, Rodomont & faux brave,

brave, aiment à la fois *Angelique*, qui, autant par raiſon que par inclination, préfere *Geronte* à tous les Prétendans. La concurrence de tous ces Rivaux donne matiere à des Scènes fort comiques de la part de Colombine ſuivante d'*Angelique* & d'Arlequin Valet de *Geronte* qui réuniſſent tous leurs talens pour ſe moquer du *Docteur*, de *Cinthio* & d'*Octave*. Cette Comédie eſt bien dialoguée, purgée même des termes obſcènes & parfaitement intriguée, & s'il eſt vrai qu'elle n'ait eu qu'un médiocre ſuccès, il eſt à préſumer que c'eſt plûtôt par rapport à quelques circonſtances particulieres, qu'à des défauts réels, puiſque c'eſt la Piéce la mieux ſuivie & la plus vive d'action, qu'aucunes de celles qui l'ayent précédée. Elle mérite de tenir honorablement ſa place au Repertoire. 1692.

40. LES CHINOIS, C. en quatre Actes, précedée d'un Prologue. *Gherardy* l'a inſérée toute entiere dans ſon Recueil. Le *Prologue* eſt composé de trois Scènes, dont la ſeconde eſt des plus jolies; c'eſt une petite fille, qui avec un air ingenu, vient prier *Apollon* de défendre aux Auteurs de mettre des équivoques dans leurs Piéces, parce que ſa bonne Maman ne veut point qu'elle aille à la Comédie à cauſe des mots à double entente; & ſoutient que c'eſt même l'intérêt 1692.

1692. des Comédiens que de jolies filles, comme elle, fréquentent les Spectacles, parce qu'elles y font venir les Garçons. La crainte que l'Auteur a que la Piéce n'ait un mauvais succès, fait le sujet de la troisiéme Scène. Cette Comédie est fort amusante. *Roguillard*, Gentilhomme Campagnard, voulant marier sa fille *Isabelle* & être moins trompé dans le choix d'un gendre, la promet à un *Chasseur*, à un *Capitaine*, à un *Docteur Chinois*, & à un *Comédien François*; mais *Octave*, Comédien Italien, qui aime *Isabelle*, & qui en est aimé, instruit que *Roguillard* n'a jamais vû les Originaux, parmi lesquels il destine un gendre à sa fille, fait jouer par *Mezetin* & *Arlequin* ses Valets, les Rolles de tous les Personnages qu'on vient de nommer, afin d'en dégoûter le Pere, & que le choix tombe sur lui. Arlequin vient d'abord en Chasseur, sous le nom du *Baron* de la *Dindonniere* avec un Poulet d'Inde sur le poing, une Corne de Vacher & deux Valets de Chiens. Après avoir dit autant d'impertinences que de paroles, on sonne du Cor & tous les Chiens viennent sur le Théatre, courant après un Sanglier. Arlequin, travesti en *Docteur Chinois*, sort d'un Cabinet & après avoir brutalisé amplement son futur beau-Pere, il fait ouvrir ce Cabinet, d'où sortent plusieurs Figures Chinoises & une grosse Pagode représentée par *Mezetin*, qui toutes forment un Divertiſſement *Octave* qui a ſçu gagner *Colombine*, s'introduit par ſon moyen chés *Iſabelle*; elle ſe rend aux priéres d'*Octave*. *Arlequin* précedé de *Mezetin* entre au ſon de pluſieurs Inſtrumens de guerre, ſous le nom du *Major Bagnolet* avec une jambe de bois : il fait une deſcription des plus burleſques de ſes Emplois Militaires & des accidens qu'il a eſſuyés ; & ſur le refus que lui fait *Roguillard* de lui donner ſa fille, en diſant qu'une Femme n'a pas trop d'un Homme tout entier, il le fait entourer par ſes Soldats qui lui préſentent la pointe de leurs Hallebardes. A ces trois Perſonnages ſuccéde un *Comédien François*, pour lequel *Roguillard* paroît favorable, mais prévenu qu'*Octave*, Comédien Italien, prétend auſſi à ſa fille, il veut entendre les deux partis pour la donner au plus eſtimable. *Octave* ne ſçachant pas l'Italien, *Colombine* plaide pour lui contre *Arlequin* qui parle pour le Comédien François. Après une diſpute fort ingenieuſe de part & d'autre ſur la prééminence des conditions, le Parterre, repréſenté par *Mezetin*, rend ſon Jugement en ces termes. *Pour reconnoître en quelque façon le déſintéreſſement de la Comédie Italienne, qui ne me fait jamais payer que quinze ſols, & qui me donne la Comédie gratis à la priſe de Namur, j'ordonne qu'*Octave *épouſe* Iſabelle. Ce dé-

1692.

1692. nouement est, comme on voit, une espéce de Machine assés mal imaginée, mais qui donne lieu de croire que le prix des Places de la Comédie Françoise ont été augmentés avant ceux de la Comédie Italienne; Il sembleroit aussi que cette derniere a donné ce Spectacle gratis avant l'autre.

1693. 41. LA BAGUETTE DE VULCAIN. La *Bibl.* fait mention d'un certain *Jacques Haimard*, qui faisant alors beaucoup de bruit dans Paris par sa Baguette, avec laquelle il prétendoit découvrir bien des choses, donna lieu à plusieurs Dissertations physiques, & cet événement occasionna la Piéce dont il s'agit. Les *Rech.* n'en annoncent que le Titre, mais *Gherardi* nous l'a insérée toute entiere dans son Recueil. Cette Comédie, entremêlée de Prose & de Vers, est tirée de l'Arioste. *Arlequin*, sous le nom & l'habillement de *Roger*, par le moyen de la Baguette dont Vulcain lui a fait présent, délivre *Bradamante* & plusieurs autres Personnes de sa suite, de l'enchantement qui les tenoit dans un profond sommeil depuis deux cens ans; il questionne tous ceux qu'il reveille & leurs Réponses forment des Scènes, dont quelques unes sont très-insipides. Les trois dernieres ajoutées à la fin, sous le Titre d'*augmentation à la Baguette*, sont de la même force que celles qui les précédent.

42. Les Adieux des Officiers, *ou* Venus Justifiée. C'est une Comédie d'un Acte en Prose & en Vers. *Gherardi* l'a insérée toute entiere dans son Recueil. Le départ de *Mars* pour la Guerre en fait le sujet, traité depuis sur le même Théatre avec toute une autre finesse par Mr. de la *Noue*, dans sa Comédie des *Adieux de Mars*. Ici, *Vulcain* charmé de perdre un Hôte aussi incommode, se rend un peu brutal vis-à-vis de sa Femme, & pour éprouver sa fidélité, il se présente sous la figure de *Plutus*, & lorsqu'il l'a amenée au point de la rendre sensible aux présens, il se fait reconnoître & l'accable de reproches. *Vulcain* assemble le Conseil des Dieux pour se faire séparer; tout l'*Olimpe*, excepté *Junon*, se moque de lui; cependant *Jupiter* pour le consoler, ordonne que chaque Divinité lui vienne faire son présent; *Bacchus* le reconcilie avec sa Femme & les fait embrasser. Ce Dénouement a pû fournir l'idée d'un *Ballet Pantomime*, donné au mois de Mai 1738, sous le nom des *filets de Vulcain*: les Dieux s'y rassemblent également, & c'est aussi *Bacchus* qui reconcilie les deux Époux; action fort ingénieusement traitée dans ce Ballet, dont la Musique a fait un honneur infini au Sieur *Blaise* Basson de la Comédie Italienne. 1693.

1693. 43. LES MAL-ASSORTIS, C. en deux Actes. La *Bibl.* marque qu'elle n'eut point de ſuccès. Les *Rech.* ne font que l'annoncer. *Gherardi* l'a inſérée toute entiere dans ſon Recueil. Si l'Auteur n'avoit imaginé que cette Piéce, il n'eût jamais merité un nom dans la République des Lettres. Le ſujet en eſt pitoyable & aucune des Scènes n'eſt dans le bon comique. *Arlequin* arrivé dans une Iſle d'Eſpagne en eſt fait Gouverneur, à condition qu'il épouſera une des filles de ſon Prédéceſſeur. Entre toutes celles qui lui ſont préſentées, il n'a de goût que pour *Iſabelle*, qui de ſon côté aime *Léandre*. Un des Priviléges de cette Iſle, dont on ne dit pas la raiſon, eſt que les Époux *Mal-Aſſortis* peuvent être démariés par le Gouverneur & changer de Femmes. *Arlequin* après avoir procedé à la ſéparation de pluſieurs, eſt lui-même dupé par *Iſabelle* & *Léandre*, qui, à la faveur d'un déguiſement, lui portent Plaintes reciproques comme Mari & Femme. *Arlequin*, qui les croit véritablement tels, voulant les attraper, les unit enſemble, mais il ſe trouve fort étonné quand il reconnoît que c'eſt ſa propre Femme qu'il a marié à *Léandre*. Pour s'en conſoler il conſent d'en épouſer une autre & tous les nouveaux mariés forment un Divertiſſement. On a eu depuis aux *François* une Piéce du *Di-*

VORCE, qui ne s'éloigne pas de la même idée, 1693.
ainsi que l'*ISLE DU DIVORCE*, jouée au
Nouveau *Théatre Italien*.

44. LES ORIGINAUX, *ou* L'ITALIEN, 1693.
C. en trois Actes. C'est la premiere Piéce de Mr de la *Motte*, qui s'est fait depuis un nom si célébre dans la République des Lettres. *Gherardi* la rapporte toute entiere dans son Recueil, excepté quelques Scènes Italiennes. Le Prologue est une espéce de Critique de celui de l'*OPERA D'AMADIS*, fort joliment dialogué. Quant au sujet de la Piéce, M. *Goguet* veut marier sa fille *Colombine* à un Italien qu'il a mandé pour cela; mais n'en recevant point de nouvelles, & dans le doute s'il viendra ou non, il laisse à *Colombine* la liberté de voir le monde pour ne lui pas faire manquer de Partis. Cette fille, qui aime *Octave*, feint un attachement extraordinaire pour les Sciences. Malgré la visite de plusieurs Originaux, dont *Arlequin*, l'un des Valets d'*Octave*, joue les Personnages. *Mezetin* de son côté trouve le secret d'introduire *Octave* dans la Chambre de *Colombine*, à la faveur d'une Bibliothéque dans laquelle il est enfermé. Ensuite *Arlequin* en Cavalier apporte une Lettre de son Maître à *Colombine*, qui dans le même tems découvre que son Pere a reçu avis que l'*Italien*

1693. qu'il attendoit eſt arrivé. *Arlequin* rend le Perſonnage de cet Etranger ſi ridicule par le Rolle d'un Jaloux outré, qui avouë même le dégoût qu'il a pour les manieres trop libres des Françoiſes, que M. *Goguet* le porte à rompre l'alliance méditée. L'*Italien* ou pour mieux dire *Arlequin*, s'appercevant du ſuccès du ſtratagême, déclare qu'il a un fils à Paris, nommé *Octave* qui pourra le remplacer, & qu'il lui donnera tout ſon bien. *Goguet* accepte la propoſition & la Comédie finit par un Divertiſſement. Le Dialogue en eſt aſſés comique & la Piéce pourroit être placée au Repertoire, mais elle ne peut être comparée à la Comédie du même Titre, donnée par M. *Fagan* ſur le *Théatre François*.

1693. 45. LES AVANTURES DES CHAMPS ÉLISÉES, C en trois Actes. Le ſujet eſt de tourner en ridicule la ſotiſe des Hommes, qui croyent s'immortaliſer par de ſuperbes Monumens, ou qui s'épuiſent pour élever leur Famille à un degré de grandeur, dont elle tombe ſi-tôt qu'ils ont les yeux fermés. Pour mieux déveloper ces idées, l'Auteur feint que *Pluton*, Prince du ſombre Empire, eſt devenu amoureux de *Lucinde*, & qu'il fait tous ſes efforts pour lui faire agréer ſa tendreſſe Pour y parvenir il ordonne que tous les Habitans de ſes vaſtes Etats paroiſſent vétus comme ils l'étoient dans le monde, grace que *Lucinde* lui avoit demandée, pour tâcher de découvrir *Agenor* son Amant qui avoit perdu la vie dans le même tems qu'elle. *Proserpine*, irritée de voir *Pluton* lui préferer cette Mortelle, implore le secours de la *Discorde*, & sous la figure de la *Jalousie*, elle détruit tous les projets de son Epoux. *Agenor*, que *Lucinde* découvre à la fin, fait le Dénouement de la Piéce. *Pluton* charmé de voir une union si tendre, étouffe son amour & les renvoye tous deux hors de ses Etats pour y mener une vie heureuse & tranquille. Au reste cette Piéce, dont le sujet est d'ailleurs assés mince, a cependant plusieurs Scènes très-amusantes, & *Arlequin* y avoit plusieurs Rolles, plus comiques les uns que les autres. 1693.

46. Les Souhaits, C. en trois Actes. *Gherardi* n'en rapporte que dix Scènes dans son Recueil, le reste étoit tout en Italien. Les Scènes Françoises qui restent sont assés bien dialoguées & le Comique passable. Il y a quelques Scènes en Vers, entr'autres celles du Jugement de *Paris* dont la versification est assés légere, mais elle se ressent de la licence qui regnoit encore sur ce Théatre. Ce qui a donné lieu au Titre de cette Piéce, & paroît en faire le fond, est la *Déscente* de *Jupiter* sur la Terre, qui fatigué des Vœux 1693.

1693. ridicules dont il étoit ſans ceſſe étourdi, vient remplir les ſouhaits des Mortels en leur diſtribuant, par l'entremiſe de *Momus*, tout ce qui peut les rendre heureux. *Arlequin* en Valet paroît le premier & après que *Momus* lui a étalé tous les Lots, *Arlequin* ſe borne à demander des Richeſſes. *Pierrot* vient enſuite & demande d'être bel eſprit. Dans cette Scène, qui repréſente le *Parnaſſe*, *Arlequin* récite devant *Apollon* une Ode burleſque, dont la ſeconde ſtrophe paroît attaquer l'Ode ſur la priſe de *Namur* par Deſpreaux ou quelqu'autre Piéce du même genre. Enfin *Arlequin* qui revient dans preſque toutes les Scènes, s'annonce dans la derniere pour le Directeur des quatre Elémens, & oblige le *Docteur* à lui accorder ſa fille Marianne.

1694. 47. LA NAISSANCE D'AMADIS; C. en un Acte, *Proſe* & *Vers*. *Gherardi* l'a inſérée toute entiere dans ſon Recueil. Elle eſt écrite en ſtyle *Gaulois*; il y a des plaiſanteries fort comiques, mais un peu obſcènes; au reſte elle ne fait point une aſſés bonne *Parodie* de l'Opera *D'AMADIS* pour être intéreſſante; ce langage de vieux gaulois a été depuis employé avec auſſi peu de ſuccès dans une Piéce de M. *Autreau*, qui a pour Titre

Panurge a marier, donnée au Nouveau *Théatre Italien* en 1720. 1694.

48. Le Bel-Esprit, Comédie en trois Actes. *Gherardy* l'a insérée toute entiere dans son Recueil, elle est en *Prose* & en *Vers*. Voici en peu de mots le sujet. *Cinthio* qui court après le *Bel-Esprit*, ne veut donner sa Fille *Angelique* qu'à quelqu'un qui ait cette manie; & pour cela il forme le dessein de faire venir de Normandie deux freres, nommés *Crocanville*, entre lesquels il veut faire choix d'un Gendre. *Octave* amant d'*Angelique*, engage *Arlequin* & *Pascariel* à jouer le Personnage de ces deux bas Normands. Ils s'en acquittent avec tant de succès, que *Cinthio* dégoûté des *Crocanville*, veut marier sa Fille à un Robin, dont *Arlequin* joue encore le Personnage; mais la fatuité du Robin le fait changer en faveur d'un Poëte qu'*Arlequin* représente. Enfin le Temple d'*Apollon* s'ouvre dans la derniere Scène, & ce Dieu déclarant *Octave* pour son Fils, ce dernier obtient *Angelique*, que *Cinthio* ne lui accorde qu'à condition qu'il sera reçu au nombre des Beaux Esptits. Les Cérémonies sont grotesques, mais du bas comique; elles sont imitées de la reception du *Bourgeois Gentilhomme* en Mamamouchi, & de celle des *Médecins* dans le *Malade imaginaire*. Cette Piéce qui 1694.

1694. a des Scènes assés divertissantes, ne pouvoit pas avoir un grand succès, vû la médiocrité du sujet & l'espéce commune de l'intrigue, qui est la même que celle d'une infinité d'autres de ce tems-là, dont les Auteurs sembloient prendre plaisir à se copier les uns les autres; & s'il est vrai que Moliere, comme on le lui a reproché, se soit quelquefois enrichi aux dépens des Italiens, ceux-ci le lui ont bien rendu sur leur Théatre en France.

1694. 49. ARLEQUIN, DÉFENSEUR DU BEAU SEXE, Comédie en trois Actes. Le *Merc.* de Juillet 1694. dit que » cette Comédie a » fort réussi, ayant été jouée plus de trente » fois de suite avec une autre petite Piéce, » (La *Fontaine de Sapience*) où les hommes ne » sont pas moins agréablement attaqués que » les femmes. » *Gherardy* l'a inserée toute entiere dans son Recueil. La *Satyre* que *Boileau* venoit de faire paroître contre les *Femmes* donna lieu à cette Piéce, dont le sujet est fort confus, & l'intrigue mal conduite. Le Comte de *Persillet* devenu veuf, cherche à dégager la parole qu'il a donnée du vivant de sa femme de faire épouser sa fille *Isabelle* à *Octave*, ayant en vue de rester le maître de son Bien, de se remarier avec *Colombine* sa Servante, & de mettre sa fille dans un Couvent. Pour faire réussir son dessein, il fait entendre qu'*Arlequin*, intrigant par intérêt, vient d'être nommé Juge par le Public pour examiner les griefs répandus dans une Satire contre les femmes, dont *Colombine* fait l'Analyse ou Parodie. *Arlequin*, voyant que personne ne se présente pour défendre la Cause des femmes, met son Armure dans le fauteuil où il étoit assis, dit qu'il va être leur Avocat, & que ses Armes serviront de Juge. Après avoir débité un petit Plaidoïer assés joli en leur faveur, il se remet dans le fauteuil, & prononce qu'il maintient les femmes dans tous leurs Droits, & condamne les hommes aux dépens. Quoiqu'il n'y ait pas un ordre exact dans les Scènes, & que le but n'en soit pas assés marqué, il y a cependant d'assés bonnes choses dans cette Piéce, entr'autres cet endroit tiré de la troisiéme Scène du premier Acte, où *Isabelle* dit à *Colombine*, quels sont *les hommes qui voudroient se marier après tous les maux qu'on dit des femmes* .... *qu'elle a beau dire qu'on les retrouvera dans les peintures que l'on fait d'elles.* A quoi Colombine répond qu'*elle n'est pas de son avis, parce qu'elle ne croit pas qu'on puisse faire des femmes un Portrait qui ressemble, chacune étant un Prothée, qui change de figure & de caractére comme il lui plaît.* Voici encore un morceau assés bien craïonné : *La Femme*, dit Colombine, *est dissimulée dans ses pen-*

1694.

1694. *sées, ingénieuse dans ses passions, politique dans ses vues, fripone dans ses discours, coquette dans ses manieres, affectée dans ses airs, fausse dans ses vertus, intéressée dans ses libéralités, Hipocrite dans ses épargnes, toujours rusée, toujours équivoque & toujours une contre-vérité : Du plus au moins*, ajoute Colombine, *voilà comme nous sommes faites.* Et dans la derniere Scène du troisiéme Acte : *Arlequin* en Juge ordonnant à *Colombine* de faire le tissu du Caractere des femmes, celle-ci répond que la chose n'est pas difficile ; *Que pour bien connoître une femme il ne faut que se figurer un joli petit monstre qui charme les yeux & choque la raison ; qui plaît & qui rebute ; qui est Ange au débors & harpie au dedans.* Ajouter à cela *la tête d'une linotte, la langue d'un serpent, les yeux d'un basilic, l'humeur d'un chat, l'adresse d'un singe, les inclinations nocturnes d'un hibou, le brillant du Soleil, l'inégalité de la Lune, la blancheur de la peau, des bras, des jambes, & cætera..... qu'on aura une femme complette.* Le Beau-Sexe auroit tort de s'allarmer de ces définitions : Il n'a qu'à se montrer pour faire tomber la Critique. Cette Piéce retouchée pourroit avoir place au Repertoire.

1694. 50. LA FONTAINE DE SAPIENCE, C. en trois Actes. Cette Piéce, que *Ghe-*

rardy a inférée toute entiere dans son Recueil, est une espèce de Critique de la précédente, assés bien dialoguée. *Oronte*, pere de *Lucile*, allarmé par la Satire contre les femmes, ne veut point marier sa fille, crainte de la rendre malheureuse; cependant, après avoir délibéré sur le choix de l'époux qu'il doit lui donner, il consulte *Arlequin*, qui, sous le nom de *Crassotius* pédant, lui fait la description de l'*Isle du Repos* & de la *Fontaine de Sapience* qui s'y trouve, dont l'effet est de désiller les yeux & de faire voir tout dans le vrai. *Lucile*, *Oronte* & *Arlequin* passent dans cette *Isle*, & après y avoir bû de l'eau de la *Fontaine*, font chacun la narration des choses qu'ils voïent, & qui leur étoient cachées auparavant. *Oronte* éclairé sur les bonnes qualités d'*Octave* lui donne sa fille, & la Piéce finit par un Divertissement. 1694.

51. LE DEPART DES COMEDIENS, C. en un Acte. Elle est toute entiere dans le Recueil de *Gherardy*. Les Adieux des Comédiens pendant l'Été font le sujet de cette petite Piéce. Résolus de quitter la Comédie & de faire valoir, chacun en particulier, leurs talens, ils passent en revue devant *Arlequin*, afin de choisir ceux avec qui il voudra s'associer. Celui-ci débute par une espèce d'Elégie comique sur la solitude 1694.

1694. du Parterre & des Loges, & après avoir demandé à ses Camarades leur résolution, il se détermine à se joindre avec *Pascariel* & *Mezetin* pour aller jouer l'Opera en Campagne; ils en font un essai en parodiant quelques endroits de *Bellerophon* : S'ils n'avoient eu que cette Piéce pour servir, comme dit *Arlequin*, d'Emétique à la désolation de leur Théatre, ils auroient couru grand risque de ne le pas relever. Il m'a toujours paru que dans un tems de disgrace pour ce Théatre, cette même idée pourroit être reprise & traitée d'une façon plus ingénieuse & plus piquante; mais de pareils Sujets, qui dépendent des circonstances, sont comme certains habits de goût qui ne servent qu'au tems.

1694. 52. La Fausse Coquette, C. en trois Actes. Outre que le Sujet de cette Piéce, que *Gherardy* a insérée toute entiere dans son Recueil, n'est pas vraisemblable, c'est qu'il attaque à la fois la raison & les mœurs. Malgré les défenses que M. *Prudent*, Gouverneur d'un Prince Polonois, fait à *Colombine* sa femme de ne se point faire voir au Prince, parce qu'il ne le croit point marié : Celle-ci, par coquetterie, l'ayant apperçu dans un Jardin, se dérobe à sa vue en lui laissant son Portrait, pour sçavoir, dit-elle, ce que valent ses yeux auprès du Prince, & sans blesser cependant ni sa ſa vertu ni ſon mari. Après pluſieurs Scènes fort peu liées au Sujet, dont quelques-unes ſont aſſés plaiſantes, le Prince apprenant que *Colombine* eſt femme de M^r^. *Prudent*, renonce aux feux qu'il avoit pour elle. La Piéce ſe dénoue par le Mariage d'*Angelique*, fille de M. *Prudent*, avec *Léandre* ſon Amant. Cette Comédie, un peu farce, a dû réjouir le Peuple, c'eſt-à-dire la portion des Spectateurs qui doit le moins occuper les Ecrivains. 1694.

53. LE TOMBEAU DE MAITRE ANDRÉ, Comédie en un Acte. La *Bibl.* des *Th.* dit que le Convoi burleſque d'un Cabaretier de Paris a fourni l'idée de cette bagatelle. Les *Rech.* n'annoncent que le Titre. *Gherardy* la rapporte toute entiere dans ſon Recueil. La Fable de l'*Huitre* & des *Plaideurs* enjolivée fait la matiere des deux premieres Scènes. *Mezetin* & *Scaramouche* ſe diſputent une bouteille de vin qu'ils ont volée, & prenant *Arlequin* pour Juge, celui-ci, pour terminer leurs différends, avale le vin, & donne à l'un le verre & à l'autre la bouteille. La Pompe funébre de *Maître André* fait la matiere des autres Scènes, qui ſe terminent par ſa réſurrection. La cinquiéme *Sc.* qui eſt en Vers, paroît avoir pour objet la Critique de quelque Piéce du tems. 1695.

1695. 54. ATTENDÉS-MOI SOUS L'ORME, C. en un Acte. *Gherardy* l'a insérée toute entiere dans son Recueil. Le Sujet en est assés joliment traité, mais cependant d'une maniere fort inférieure à la Piéce de *Renard* sous le même Titre; il est vrai que l'idée en est différente. La Scène se passe dans un Village, où l'on suppose y avoir de tems immémorial un Orme, appellé l'*Orme de Lucrece*, dans l'ouverture duquel une fille, qui vouloit faire preuve de sagesse, pouvoit y entrer & sortir sans danger; si au contraire son état étoit équivoque, l'Arbre se refermoit & elle y étoit étouffée. *Pierrot*, habitant du Village, malgré la promesse qu'il avoit fait à *Colombine* de l'épouser, devient amoureux de *Jacqueline*, fille d'un Fermier du lieu; mais il exige de celle-ci, pour éprouver sa vertu, qu'elle entre dans l'*Orme*. *Colombine*, qui aime *Pierrot*, se joint à *Arlequin*, qui de son côté aime *Jacqueline*, & tous deux d'intelligence ils conseillent à *Jacqueline* de ne point s'exposer. Le Rôle de cette Agnès & sa naïveté sont très-naturels. Enfin les sollicitations de son pere & de *Pierrot* ne la peuvent déterminer aux risques qu'on lui fait appercevoir, & d'ailleurs la déclaration de *Colombine* & d'*Arlequin*, de l'aveu qu'elle leur a fait, qu'elle n'a pas toujours été sage, fait que *Pierrot* renonce à *Jacqueline*, qui épouse *Arlequin*, & celui-ci, pour marquer que ce n'eſt qu'une ruſe dont il s'eſt ſervi, fait entrer ſa Prétendue dans l'*Orme*, d'où elle ſort ſans accident. Si *Dufreni* n'avoit pas fait cette Piéce avec ſa négligence ordinaire, elle auroit pû balancer celle de *Renard*, donnée dans le même tems au Théatre François; cependant cette petite Piéce pourroit être miſe au Repertoire. 1695.

55. LA THESE DES DAMES, OU LE TRIOMPHE DE COLOMBINE, C. en trois Actes. *Gherardy* l'a inſérée toute entiere dans ſon Recueil. Le Sujet eſt à peu près le même que celui d'*Arlequin Déſenſeur du Beau-Sexe*; il eſt auſſi mal choiſi & n'eſt guére mieux traité. *Colombine* y expoſe que le partage du Beau-Sexe doit être l'inconſtance & la legereté. Elle parodie la maniere dont on ſoutient les Theſes dans les Colléges, & pour cet effet elle monte dans une Chaire de Régent couverte d'un tapis, auquel eſt attachée une Theſe. La *Rhetorique* faiſant le Rôle de *Profeſſeur* eſt aſſiſe au-deſſous de la Chaire, & une petite fille diſtribue les Theſes à l'Aſſemblée. Alors *Arlequin*, ſous le perſonnage d'un autre Régent, argumente contre le Répondant: Il fait d'abord ſon Compliment à la *Rhetorique* qui préſide, & enſuite pouſſe quelques ſilogiſmes à *Colombine*, qui lui réplique à la maniere d'un 1695.

1695. Ecolier de Philosophie. Tout cela, dénué d'action & du sel de la fine plaisanterie, a dû plaire médiocrement, même dans un siécle moins difficile que le nôtre.

1695. 56. LES PROMENADES DE PARIS; Comédie en trois Actes, en Prose & en Vers. *Gherardy* l'a insérée toute entiere dans son Recueil. Le Sujet est traité d'une maniere assés intéressante. On y trouve plusieurs Scènes d'un bon comique, quelques-unes sont un peu trop longues. *Elise*, fille de Qualité & un peu coquette, en l'absence de *Léandre*, jeune Officier son Amant, reçoit les Fêtes de *Calmar* vieux Robin, à qui l'amour pour *Elise* fait tourner la cervelle jusqu'à se faire Cavalier pour tâcher de lui plaire. Il la mene en partie au Bois de Boulogne, au Cours & aux Thuilleries, ce qui donne lieu de critiquer les personnes, dont la vertu fait quelquefois naufrage dans ces Promenades. C'est dans celle des Thuilleries que *Léandre* paroît arrivant de l'Armée, d'où il a sçu la conduite de sa Maîtresse; il se propose, secondé d'*Arlequin* son Valet & de *Mezetin* Valet de *Calmar*, de déranger le Concert que ce dernier avoit ordonné pour *Elise*; *Léandre* y réussit en prenant la place des Musiciens mandés par *Calmar*. Cette Piéce pourroit se remettre au Théatre, & suivant son succès la placer ou rejetter du Repertoire ; mais il faudroit y faire des corrections par rapport aux changemens survenus dans nos goûts & dans nos modes. 1695.

57. LE RETOUR DE LA FOIRE DE BEZONS, C. en un Acte. La Comédie de la *Foire de Bezons*, qui se jouoit avec succès au Théatre François dès le mois de Juin de cette année, donna occasion à *Gherardy*, Auteur du *Recueil* des *Pièces* de l'*Ancien Théatre Italien*, de faire celle-ci, qui, selon lui, n'a été l'ouvrage que d'un après soupé ; à l'exception de la Scène des *Tabatieres*, dont un Homme de Lettres lui fit présent. L'intrigue de cette C. est assés bien liée & conduite ; Cependant elle a le défaut de presque toutes celles qui l'ont précédées, qui est de voir des Acteurs introduits dès le commencement, & qui ne reparoissent plus. Venons au Sujet. *Octave* devenu amoureux d'*Angelique*, fille cadette du *Bailli* de Bezons, cherche les moyens de l'enlever, il y réussit par le moyen de son Valet *Arlequin*, qui se sert de l'occasion que lui fournit le pere d'*Angelique*. Ce *Bailli* accompagné de *Pierrot*, Député du Village & son prétendu gendre, & d'*Angelique*, viennent à Paris pour se plaindre à un Commissaire de ce que les *Comédiens François* ont osé les jouer, leur Village & leur Foire. *Arlequin* déguisé en Commissaire, 1695.

1695. après avoir écouté leurs raiſons, leur conſeille de ne point plaider, parce qu'ils ne manqueroient pas de perdre, ayant affaire à trop forte partie; ceux contre qui ils ſe plaignent étant au moins vingt-trois, ſans les quarts & les demi-quarts. Alluſion au nombre des parts fixes de la Comédie Françoiſe. *Arlequin* leur fait cependant ſigner, ſous prétexte de plainte, le Contrat de mariage d'*Angelique* avec *Octave*. Il y a quelques traits contre la Comédie de la *Foire de Bezons*; mais cette Foire qui n'a plus la même réputation, n'en donneroit que fort peu à une Piéce du même Titre. Il faut, pour celles de ce genre, ſaiſir le moment, en profiter, & ne compter que ſur le ſuccès de l'inſtant.

1695. 58. LA FOIRE S. GERMAIN, C. en trois Actes. *Gherardy* l'a inſérée toute entiere dans ſon Recueil. Cette Piéce eſt fort divertiſſante, les Scènes ſont dans le bon comique & aſſés bien liées entr'elles; en voici le ſujet. Le *Docteur*, Tuteur d'*Angelique* eſt dans l'intention de l'épouſer, mais elle eſt auſſi recherchée en mariage par un certain bas Normand, nommé *Nigaudinet*. *Colombine* qui s'intéreſſe au ſort d'*Arlequin*, engage *Arlequin*, *Mezetin* & *Scaramouche* à rendre la recherche du *Docteur* inutile en le bernant de toutes manieres. Ils trouvent le moyen

d'écarter *Nigaudin*, après lui avoir esca- 1695.
moté son Argent, sa Montre & son Epée, de façon qu'il s'en retourne saus avoir vû sa prétendue, & en pestant contre les Filoux de Paris. *Arlequin* & *Scaramouche* contrefont ensuite tous les Charlatans de la Foire & turlupinent le *Docteur* qui y vient chercher *Angelique*, après l'avoir fait afficher comme Fille perdue & trente pistoles à gagner. Vient encore la représentation d'un Opera *Italien*, la Parodie d'un Opera *François*, & une Tragedie *Françoise*, le tout en une seule Scène, dont il y a des endroits très-bien versifiés. Enfin après plusieurs Stratagêmes, pour dégoûter le *Docteur* d'épouser *Angelique*, *Octave* qui l'aime & qui en est aimé, contrefait; par le conseil d'*Arlequin*, le Sauvage qu'on voyoit alors à la Foire qui dévoroit, dit-on les Hommes & respectoit les Femmes. Il y a encore ici un petit trait satirique sur le Sexe. Le Sauvage demandant ce que c'est qu'une femme, Angelique lui répond que *c'est une machine parlante qui met tout l'Univers en mouvement, & qui se meût par les ressorts de la tendresse.* Arlequin peu satisfait de cette définition, ajoute que *c'est un petit Animal doux & malin, moitié caprice & moitié raison, un composé harmonique, où l'on trouve souvent bien des dissonances..... Dans la Société, ce qu'est le poivre dans les*

1695. *Ragoûts. Qu'enfin, veut-on rire ou chanter; danser, boire, se marier, qu'il faut des femmes par tout où il y a des hommes.* Le Sauvage feignant d'être échappé de sa loge, poursuit le *Docteur*, fait semblant de vouloir le dévorer; Ce dernier se refugie dans l'endroit de la Foire où *Arlequin*, en Empereur du Cap Verd, offre des femmes de son Serail, de toutes sortes de couleurs, à vendre ou à donner. Le *Docteur* prie ce Prince de lâcher une de ses femmes à l'Antropophage pour n'en être point dévoré. *Arlequin* fait paroître *Angelique*, qui appaise sur le champ la fureur du *Sauvage*. Le *Docteur* charmé de l'avoir retrouvée, veut qu'elle s'en retourne avec lui, mais *Octave* continuant son Rôle, oblige le *Docteur* à la lui laisser. On a ajouté à la fin de cette Piéce une *Scène* qui représente une *Avanture* du tems, à l'occasion de deux Dames, qui étant chacune dans leur Carosse enfermées dans une petite rue, où il ne pouvoit contenir deux voitures à côté l'une de l'autre, ne vouloient point se céder le pas, de façon que par autorité elles furent obligées de faire reculer chacune de leur côté les voitures qui les conduisoient. Cette Comédie pourroit avoir place au Repertoire.

1696. 59. Les Momies d'Egypte, C. en un Acte. *Gherardy* la rapporte toute entiere dans son Recueil. La *Sc.* se passe dans les Boutiques de la Foire St. Germain. Le Sujet est que M. *Jacquemare*, Procureur, & sa femme, las d'être ensemble, & se souhaitant mutuellement leur veuvage, viennent consulter la *Sibylle* pour sçavoir si cet événement aura lieu. S'il étoit encore des *Sibylles*, que d'*Epoux* iroient en consultation ! *Jacquemare* est passionné pour *Colombine* sous le nom de *Léonore*, & Madame *Jacquemare* est amoureuse d'*Arlequin* sous le nom du *Baron* de *Groupignac*. Les Stratagêmes dont se servent *Colombine* & *Arlequin* pour escroquer le Procureur & sa femme, sont assés plaisans : Ils paroissent en *Marc-Antoine* & en *Cléopatre* sortans de leurs Tombeaux. Le Dialogue en est fort comique. *Jacquemare* & sa femme, en dépit l'un de l'autre, reconnoissent leurs Amans, leur font des présens, dont *Arlequin* & *Colombine* profitent. Le Rôle de l'Egyptienne est assés joli. 1696.

60. LES BAINS DE LA PORTE SAINT BERNARD, C. en trois Actes. *Gherardy* l'a insérée toute entiere dans son Recueil. Le Sujet de cette Piéce est de tourner en ridicule les Parties de *Bains* qui se faisoient alors fréquemment à la *Porte Saint Bernard*, & dont *La Bruyere* a fait une Critique plus ingénieuse. *Octave*, amoureux d'*Angelique*, fille du *Doc-* 1696.

1696. *teur*, se sert de toute la subtilité d'*Arlequin* son Valet pour l'obtenir par stratagême. Celui-ci, après en avoir employé plusieurs, vient à bout de persuader *Angelique* de faire la malade : Pour cela il se déguise en *Médecin*, & ordonne au *Docteur* d'envoyer sa fille aux *Bains de la Porte Saint Bernard*, où *Octave* l'enleve. Il n'y a rien dans cette Piéce d'assés bon pour la faire revivre, & ces *Bains* sont d'ailleurs tombés. On y avoit ajouté une *Scène* qui critiquoit une *Avanture* du tems; c'étoit un *Procureur*, qui ayant traité d'une Charge de *Greffier* en Chef, qui lui auroit apparemment donné le droit de porter la Robbe rouge, s'étoit fait faire son Portrait avec une Robbe de cette couleur; mais les fonds lui ayant manqué, il ne put se faire pourvoir, & ne voulut pas payer le Peintre. Cette Scène isolée ne pouvoit avoir d'agrément que lors des circonstances, car à présent elle seroit tout-à-fait insipide.

1696. 61. ARLEQUIN MISANTROPE, C. en trois Actes, précédés d'un Prologue. La *Bibl.* marque que quoique la Piéce soit assés bonne, elle n'eut pas grand succès. Les *Rech.* ne font que l'annoncer. *Gherardy* la rapporte toute entiere dans son Recueil. Le Prologue est entre *Arlequin* & *Colombine*, qui se disputent sur le Caractere, qu'*Arlequin* trouve ne lui pas convenir. *Colombine* le rassure si bien, & s'offre de si bonne grace à faire l'annonce aux Spectateurs, qu'*Arlequin* revient de sa prévention : Cette annonce est très-joliment tournée. Le Sujet de la Piéce est passablement traité. *Arlequin*, dégouté des mœurs & du tumulte de Paris, se retire dans un Bois, où entouré de divers Animaux, il donne carriere à ses réflexions, dont quelques-unes sont de la bonne espèce, sur tout celles de la premiere Scène du premier Acte. Sur la réputation qu'il a d'être un grand Philosophe, plusieurs Personnes vont le consulter. La premiere qui se présente à lui est *Colombine*, jeune fille, qui, abusée par *Octave*, Comédien & qui s'est dit Prince, le cherche par tout depuis quelques jours qu'il s'est éclipsé. *Octave*, qui survient avec *Scaramouche* son Valet, après qu'*Arlequin* & *Colombine* sont retirés, paroît se repentir d'avoir trompé *Colombine*. La *Scène* d'*Arlequin* avec M. *Disanvrai*, au sujet des Ouvrages de Littérature, est assés curieuse. La *Scène* suivante, entre *Arlequin*, le *Docteur*, *Léandre*, une *jeune Fille* & *Scaramouche*, est du bon comique. Le *Docteur*, après beaucoup de révérences & de complimens, qui impatientent *Arlequin*, apprend à celui-ci qu'il est Homme de Lettres, que son nom fait du bruit parmi les Sçavans, & qu'il vient à Paris pour 1695.

1696. faire sa fortune avec les Libraires, & placer avantageusement son cadet & sa fille. Le résultat des répliques d'*Arlequin*, & du conseil qu'il donne au *Docteur*, est de s'en retourner dans sa Province. *Scaramouche*, Valet d'*Octave*, & qui est venu se mettre au service du *Misantrope*, voyant la maniere dont *Arlequin* renvoye les Sçavans, se désespere, en disant quelles peuvent être ses espérances, si tous les Gens qui ont tant de mérite & sçavent tant de choses ne peuvent faire leur fortune à Paris, lui qui n'est, dit-il, bon à rien, qui ne fait, qui ne sçait & qui n'est lui-même que *Bagatelle*. Tout ce que lui dit *Arlequin* est si excellent par le naturel, qu'il est impossible de ne le pas rapporter ici...... Ah! mon cher, viens que je t'embrasse, tu es né pour *Paris* & pour faire une grande fortune. La *Bagatelle! Avec une si belle disposition tu peux aspirer à tout. Si j'avois eu comme toi un noble penchant pour la* Bagatelle, *je serois à Paris dans la fortune la plus éclatante..... Pars hardiment, tu n'y seras pas plutôt arrivé que tout le monde courera après toi..... C'est un Pays où l'on ne respire que* Bagatelle, *le sérieux y est marchandise de contrebande, & la* Bagatelle *si universellement répandue, qu'on peut dire, à proprement parler*, que Paris n'est qu'une grande Bagatelle..... La *Scène* de la *Com-*

tesse est encore très-jolie ; c'est un Personnage ridicule, & qui fait dire à Arlequin *que la raison n'a rien à faire dans le raisonnement des femmes.* La *Sc.* d'*Octave* qui se déclare Comédien, & qui demande de rester avec sa *Compagnie* dans le Désert avec *Arlequin*, ne peut être passée sous silence, étant assés bien dialoguée. L'aveu qu'il fait de son Etat mérite d'être rapporté. *Les Gens de ma Profession*, dit-il, *ont besoin d'un peu de solitude pour se connoître; nous faisons si souvent les Princes & les Rois, que nous sommes comme ces menteurs de profession, qui à force d'en imposer, se trompent eux-mêmes & prennent leurs impostures pour des vérités.* La *Sc.* suivante est d'intrigue, *Colombine* qui apperçoit *Octave* s'évanouit & *Arlequin* l'emmene chés lui. La *Sc.* de *Pierrot* est plaisante par ses naïvetés, il annonce des gens qui descendent d'un Coche pour venir voir *Arlequin.* La *Sc.* du *Vieillard* & de sa *Femme*, qui roule sur la dispute d'avoir lignée, semble avoir été faite à l'occasion des Eaux de Forges, est plaisante. Les *Sc.* des deux *Gasconnes* de *Colafort*, Maître de Musique & ensuite d'Armes sont du bas comique. La *Sc.* de Madame de l'*Architrave* qui vient offrir ses services à *Arlequin* pour bâtir une Ville dans son Désert, est passable. La *Sc* d'entre *Arlequin* & *Colombine* est très-joliment tournée en 1696.

1696. Vers. C'eſt une déclaration d'amour qu'*Arlequin* fait en petit Maître, mais qui eſt fort mal reçue de *Colombine*, parce qu'elle aime ſincerement *Octave*. La *Sc.* de M. la *Cabriole*, Maître à Danſer & de M. de *Gereſol*, Maître à Chanter, eſt boufonne. *Arlequin* leur demandant ſur quoi ils aſſignent les trente mille livres de rente qu'ils lui offrent à l'occaſion d'une nouvelle Academie de Danse & de Muſique qu'ils lui propoſent d'établir dans la nouvelle Ville, ils lui répondent que la ſûreté s'en trouve ſur les talens des Acteurs. *Arlequin* n'en eſt point tenté, d'autant, dit-il, qu'il ne veut dans la Ville qu'il bâtit ni Muſiciens ni Danſeurs, mais des Gens ſobres. Autre *Sc.* de Madame l'*Architrave*. C'eſt une ſuite de celle dont il a été déja fait mention ci-deſſus. La *Sc.* du *Libraire* eſt également la Critique des Gens de ſon état, dont la Femme ſert autant de parure à la Boutique, que les Livres de certains Auteurs médiocres, en font l'ornement. Sur ce qu'*Arlequin* dit, que Femme ſi accommodante, accommode, pour l'ordinaire, un mari de toutes Piéces, le Libraire répond; *Oh, pour moi, j'ai cela de bon, je ne ſuis point ſujet au mal de tête; il eſt vrai que quelques Controlleurs de profeſſion remarquent, que de tous mes Enfans, aucun ne me reſſemble, & qu'ils ont l'air, l'un d'un Colonel, l'autre d'un jeune Magiſtrat, à qui j'ai dressé une Bibliotéque de Romans*.......c'est-à-dire, ajoute *Arlequin*, qu'il en est de vos Enfans, comme de ces Livres, dont l'Epître dédicatoire est sous votre nom? Vous faites les honneurs de l'Ouvrage d'autrui......Ma foi, répond le Libraire, si on y regardoit de si près, on trouveroit autant de *Plagiaires* dans les Familles, que dans la République des Lettres......Toute cette Scène est du bon Comique. La *Sc.* du *Peintre* est du Comique plaisant; Il se présente pour un Homme des plus extraordinaires, étant, dit-il, un Original sans copie; un Poëte muet dans sa Profession, un Imposteur de bonne foi, un beau Morceau moderne, qui ne deviendra que trop Antique avec le tems......La *Sc.* entre *Colombine*, *Octave* & *Scaramouche* prépare le dénouement de l'intrigue qui est bien foible. *Colombine* reproche à *Octave* qu'il ne sçait pas aimer, puisqu'il croit qu'elle n'aime en lui que la grandeur qu'il a voulu faire paroître à ses yeux, elle lui dit; désabusés-vous, rendés-moi justice & comptés que ce n'est pas le Prince, mais *Octave* que je suis venu chercher. Dans la *Sc.* suivante, *Colombine* demande à *Arlequin*, qui dit qu'il ne veut point de fadaise chés lui, & que la *Bagatelle* en soit bannie aussi sévérement que l'Amour l'est du mariage, s'il est de l'opinion de ceux qui croyent 1696.

1696. que le premier jour de l'Hymen est le dernier de l'Amour & du bon tems ; *Arlequin* répond que oui pour l'Amour; que pour le bon tems, c'est selon, parce que certaines Femmes ne commencent à en prendre que du jour de leurs Nôces, & que d'autres ne le goûtent qu'au Veuvage; voici le dénouement. Le *Docteur*, qui retrouve son fils aîné dans *Octave*, approuve son Mariage avec *Colombine*, & *Arlequin* consent d'entrer dans leur Troupe, à condition que dans les Piéces l'on n'y louera personne; qu'on ne fera point de quartier à la moindre impertinence, & qu'on suivra les Loix qu'il prescrit à ses Citoyens, & qu'il a eu soin de mettre par écrit. Cette Piéce renferme quelque chose des trois Genres : *Caractere*, *Intrigue* & *Episodes*, & n'est pas mal dialoguée, mais nous avons sous ce Titre au même Théatre, une Piéce si supérieure à celle-ci dans celle de M. de l'*Isle*, qu'elle perdroit aujourd'hui les trois quarts de son mérite, & le *Misantrope* de *Moliere* a dû beaucoup contribuer à faire paroître celui-ci bien foible en comparaison.

1697. 62. Pasquin et Marforio, Médecin des Mœurs, C. en trois Actes. La *Bibl.* marque qu'elle eut un grand succès. Les *Rech.* ne font que l'annoncer *Gherardy* l'a insérée toute entiere dans son Recueil. Le le Comique en est passable. Les Petits-Maîtres y sont assés bien tournés en ridicule, quoique *Pasquin* qui en joue le Rolle, l'outre un peu. Cette Piéce est entremêlée de *Vers* & de *Chansons*, & le sujet traité plus noblement auroit donné lieu à le conserver au Théatre; *Pasquin* & *Marforio* chassés de Rome, arrivent à Paris & s'y érigent en Réformateurs des mœurs, ils commencent à s'exercer dans la Maison du *Docteur*, dont les Filles & la Niéce ont différens Ridicules, l'une n'aime que sa figure, l'autre passionnée pour la Musique, chante toujours, & la Niéce, Coquette fieffée, est dans une crainte mortelle, que *Pasquin* & *Marforio* ne dévoilent son caractére. Dans la *Sc.* de la *Médisance* & de la *Vérité*, le Vaudeville en est assés bon. La *Sc.* du *Petit-Maître* & celle du *Généalogiste* sont les meilleures. La Piéce finit par deux Scènes, dans lesquelles un Jaloux & une Impatiente viennent consulter *Pasquin* sur leur Maladie, il leur ordonne pour remède de boire du Vin de Mante. Voici ce qui a paru mériter attention. *Octave* se plaignant à *Pasquin* qu'*Angelique* qu'il aime est si entêtée de sa beauté, qu'elle ne veut pas seulement l'écouter: *Pasquin* lui répond par ces jolis Vers. 1697.

Employer ses beaux jours à vaincre des Cruelles,
C'est un Métier bien ennuyeux.

1697. A des Soldats poltrons, je compare les Belles,
On les fait fuir en courant après elles;
On les attire en les fuyant.

Léonor ſous l'habit de Médecin & dans une agitation violente, s'adreſſant à *Paſquin*, dit qu'il faut diſtinguer la folie en deux tomes: En *évaporation* & en *obſtruction*. *Evaporation*, dit-elle, dans nos jeunes évantés, leur Cervelle eſt toujours en l'air & leur raiſon au vent. *Obſtruction*, mere nourrice des Vapeurs; étrange folie qu'on ne ſçauroit guérir que par d'autres folies.... *Parlés*, continue-t'elle, *aux Femmes de Sageſſe & de Morale, du ſoin de leur ménage & de l'amour conjugal; la vapeur s'éléve, l'humeur s'obſcurcit, le caprice ſurmonte, & vous ne tirés d'elles que des baaillemens & des égratigneures. Parlés-leur Colifichets, Chanſonnettes, Equivoques, Avantures galantes, Caquets du quartier, Modes nouvelles, Nôces prématurées, Mariage ſurané, l'enjouement ſuccéde, la vapeur ſe diſſipe & vous faites d'elles tout ce que vous voulés.* Beau Sexe, ſervés-vous quelquefois de ce Miroir! La freneſie d'un Jaloux eſt ici bien caractériſée. Le Jaloux après avoir cherché partout ſa Femme, ſe ſouvient qu'il l'a enfermée dans ſa Chambre, dont il a la Clef dans ſa poche. Quoique ma Femme ſoit ſage, dit-il, je ſuis jaloux de tout ce qui l'approche; d'un Oiseau. d'un souffle de vent; Diable, dit *Pasquin*, si vous êtes jaloux des Vents, empêchés-la de manger des Chataignes, basse plaisanterie; j'étois, continue le Jaloux, dernierement avec ma Femme devant un grand Miroir, je l'embrassois tendrement, & venant à regarder dans la glace, je fus si fâché de la voir embrasser un Homme, que je rompis le Miroir en mille piéces. Si tous ceux, dit *Pasquin*, qui voyent embrasser leur Femme par un Homme, cassoient chacun un Miroir, la Manufacture des grandes Glaces n'y suffiroit pas. Ce trait de jalousie est neuf & fort de caractére. 1697.

63. LES FÉES OU LES CONTES DE MA MERE L'OYE, C. en un Acte. *Gherardy* l'a insérée toute entiere dans son Recueil. Elle fut faite à l'occasion des lectures fréquentes qui s'en faisoient alors. Ce mauvais goût est assés bien tourné en ridicule par la maniere outrée des Contes dont cette Piéce est remplie. Le Sujet est l'enlevement de la Princesse *Ismenie* par un *Ogre* des plus effroïables, entre les mains duquel tombe également le Prince *Octave* son Amant qui la cherchoit. *Arlequin*, Valet du Prince, par le moïen de la Baguette que lui a donné la *Fée* conservatrice de l'honneur des filles, remet *Ismenie* & *Octave* dans leur forme naturelle, de Rochers 1697.

1697. qu'ils étoient devenus. Le Théatre se change en un Palais magnifique, où l'on voit une Pendule, un Limaçon, un Papillon & une Lanterne. Ce sont autant de Personnages que les *Fées* ont ainsi métamorphosé pour se divertir, ausquels *Arlequin* rend leur premier état, & les interroge sur la cause de leurs changemens. Cette Piéce est la derniere du Recueil de *Gherardy* & de l'ancien Théatre Italien.

1697. 64. LA FAUSSE PRUDE. Cette Piéce ne fut qu'annoncée, des Ordres superieurs étant venus non-seulement pour en défendre la Représentation, mais encore pour la suppression de ce Spectacle, ce qui fut exécuté par le Sceau que le Lieutenant de Police apposa sur les Loges & les portes de l'Hôtel de Bourgogne.

Ce Théatre a resté fermé jusqu'au mois de Mai 1716. qu'une nouvelle Troupe de Comédiens Italiens, formée par les Ordres de feu M. le Duc d'Orléans Régent, s'y est venu établir, & qui est celle qui subsiste aujourd'hui, à la satisfaction de la Cour & du Public, sous le Titre de *COMEDIENS ITALIENS ORDINAIRES DU ROY.*

FIN.

NOMS
Des
AUTEURS
Qui ont travaillé Pour
L'ANCIEN THEATRE ITALIEN.

Noms des Auteurs qui ont travaillé

B

De Boisfranc

Les Bains de la Porte S.t Bernard

B***

Arlequin Defenseur du Beau Sexe
La Fontaine de Sapience
La Fausse Coquette
le Tombeau de M.e André
La These des Dames ou le Triomphe de Colombine
Arlequin Misantrope

Avec Du Freni

Pasquin et Marforio Medecins des Moeurs
Les Fées ou les Contes de ma Mere l'Oye

D

D***

Le Marchand dupé
La Fille Sçavante
La Precaution inutile

D.L.C.D.V

les Avantures des Champs Elisées

De Losme de Montchenay

La Cause des Femmes
La Critique
Mezetin Grand Sophy de Perse
Le Phenix ou la femme fidelle
Les Souhaits.

F

Fatouville

Arlequin Mercure Galant
La Matrone d'Ephese ou Arlequin Grapignan
Arleq Lingere du Palais
Arleq Prothée
Arleq Empereur dans la Lune
Arleq Jason ou la Toison d'Or comique
Arleq Chevalier du Soleil
Colombine Avocat Pour et Contre
Isabelle Medecin
Le Banqueroutier
Colombine feme vangée

G

Gherardi

Le Retour de la Foire de Besons

H

Houdart de la Mothe

Les Originaux ou l'Italien

L

L.A.D.S.M

Ulisse et Circe

L.A.P.

Le Bel Esprit

Pour l'Ancien Theatre Italien

M

Mongin

Les Promenades de Paris.

N

Le Noble

Arlequin Esope.

Les Deux Arlequins.

P

Palaprat.

Arlequin Phaëton.

La Fille de Bon Sens.

R

Renard.

Le Divorce.

La Descente de Mezetin aux Enfers.

Arleq Hom̃e a boñes fortunes

La Critique.

Les Filles Errantes.

La Coquette, ou l'Academie des Dames.

La Naißance d'Amadis.

Avec Du Freni

Les Chinois.

La Baquette de Vulcain.

La Foire St. Germain.

Les Momies d'Egypte.

R.

Riviere du Freni.

l'Opera de Campagne.

l'Union des deux Opera.

Les Adieux des Officiers ou Venus justifiée.

Les Mal Aßortis.

Le Depart des Comediens.

Attendés moi sous l'Orme.

Avec B*.....** (voir)

Avec Renard.. (voir)

Auteurs Anonimes

Arlequin Vendangeur.

Scaramouche Hermite.

Scaram. et Arlequin Juifs errans de Babilone.

La Propreté ridicule.

La Magie naturelle ou la Magie sans Magie.

Le Medecin du Tems.

Le Remede Anglois ou Arlequin Prince de Quinquina.

Les Folies d'Octave.

La Fauße Prude.

APPROBATION,

JAI lû, par l'ordre de Monseigneur le Chancelier, un Manuscrit, intitulé *TABLE ALPHABETIQUE ET CHRONOLOGIQUE*, des *Piéces dragmatiques*, représentées sur l'ancien *Théatre Italien*, &c. & *REMARQUES* sur ces *Piéces*, dans lequel je n'ai rien trouvé qui en empêche l'impression. A Paris le neuf Septembre 1749.

BONAMY.

PRIVILEGE DU ROY.

LOUIS, par la Grace de Dieu, Roi de France & de Navarre : A nos Amés & Féaux Conseillers les Gens tenans nos Cours de Parlement, Maîtres des Requestes ordinaires de notre Hôtel, Grand Conseil, Prevost de Paris, Baillifs, Sénéchaux, leurs Lieutenans Civils & autres nos Justiciers qu'il appartiendra, SALUT. Notre bien Amé le Sieur N. B. D. G. Nous a fait exposer qu'il désireroit donner au Public des TABLES CHRONOLOGIQUES de toutes les *Piéces représentées* sur les différens *Théatres établis à Paris*, *depuis leur institution jusqu'à présent*, de sa composition, s'il nous plaisoit de lui accorder nos Lettres de Privilége pour ce nécessaires. A CES CAUSES, désirant favorablement traiter l'Exposant, nous lui avons permis & permettons, par ces Présentes, de faire graver & imprimer l'Ouvrage cidessus, en telle forme & autant de fois que bon lui semblera, & de les vendre, faire vendre & débiter par tout notre Royaume, pendant le tems de six années conſécutives, à compter du jour de la date deſdites Préſentes; Faiſons défenſes à tous Imprimeurs, Graveurs & autres Perſonnes, de quelque qualité & condition qu'elles ſoient, d'en introduire d'impreſſion ou de graveure étrangere dans aucun lieu de notre obéïſſance; comme auſſi de graver ou imprimer & vendre ledit Ouvrage, ni d'en faire aucuns Extraits, ſous quelque prétexte que ce ſoit, d'augmentation, correction, changemens ou autres, ſans la permiſſion expreſſe & par écrit dudit Sieur Expoſant ou de ceux qui auront droit de lui, à peine de confiſcation des Exemplaires contrefaits & de trois mille livres d'amende contre chacun des Contrevenans, dont un tiers à Nous, un tiers à l'Hôtel-Dieu de Paris, & l'autre tiers audit Expoſant, ou à ceux qui auront droit de lui & de tous dépens, dommages & intérêts: A la charge que ces Préſentes ſeront enregiſtrées tout au long ſur le Regiſtre de la Communauté des Libraires & Imprimeurs de Paris, dans trois mois de la date d'icelles, que l'impreſſion ou graveure dudit Ouvrage ſera faite dans notre Royaume & non ailleurs, que l'Impétrant ſe conformera en tout aux Réglemens de la Librairie, & qu'avant de les expoſer en vente, le Manuſcrit ou Imprimé qui aura ſervi de Copie à l'impreſſion ou graveure dudit Ouvrage, ſera remis ès mains de Notre très-cher & Féal Chevalier le Sr. Dagueſſeau, Chancelier de France, Commandeur de nos ordres, & qu'il en ſera enſuite remis deux Exemplaires dans notre Bibliothéque publique, un dans celle de notre Château du Louvre & un dans celle de Notre très-cher & Féal Chevalier le Sr. Dagueſſeau, Chancelier de France, le tout à peine de nullité des Préſentes, du contenu deſquelles vous mandons & enjoignons de faire jouir ledit Sieur Expoſant & ſes ayans cauſe, pleinement & paiſiblement, ſans ſouffrir qu'il leur ſoit fait aucun trouble ou empêchement. Voulons que la Copie deſdites Préſentes, qui sera imprimée tout au long au commencement ou à la fin dudit Ouvrage, soit tenue pour dûement signifiée, & qu'aux Copies collationnées par l'un de nos Amés & Féaux Conseillers & Sécretaires, foi soit ajoutée comme à l'Original; Commandons au Premier Notre Huissier ou Sergent sur ce requis, de faire pour l'exécution d'icelles tous Actes requis & nécessaires, sans demander autre Permission, & nonobstant clameur de Haro, Charte Normande & Lettres à ce contraires : CAR tel est Notre plaisir. DONNE' à Versailles le 22. Février, l'an de Grace mil sept cens quarante-quatre, & de notre Regne le vingt-neuviéme, par le Roy en son Conseil,

Signé, SAINSON.

Registré sur le Registre de la Chambre Royale & Syndicale des Libraires & Imprimeurs de Paris, N°. 301. *fol.* 224. *conformément au Réglement de* 1723, *qui fait défenses*, *Art. IV. à toutes Personnes*, *de quelque qualité qu'elles soient*, *autres que les Libraires & Imprimeurs*, *de vendre*, *débiter & faire afficher aucuns Livres pour les vendre en leurs Noms*, *soit qu'ils s'en disent les Auteurs ou autrement*, *& à la charge de fournir à ladite Chambre Royale & Syndicale*, *huit Exemplaires prescrits par l'Article* 108. *du même Réglement. A Paris le* 12 *Mai* 1744.

Signé, SAUGRAIN, Syndic.

De l'Imprimerie de P. PRAULT, Quai de Gêvres.

www.ingramcontent.com/pod-product-compliance
Ingram Content Group UK Ltd.
Pitfield, Milton Keynes, MK11 3LW, UK
UKHW020917180726
13838UKWH00002B/598

9 782329 354231